몰교양 이론

지식사회의 오류들

이 도서의 국립중앙도서관 출판예정도서목록(CIP)은 서지정보유통지원시스템 홈페이지(http://seoji.nl.go.kr)와
국가자료종합목록시스템(http://www.nl.go.kr/kolisnet)에서 이용하실 수 있습니다.
CIP제어번호 : CIP2018037818(양장), CIP2018037819(반양장)

몰교양 이론
지식사회의 오류들

| 콘라트 파울 리스만 지음　라영균·서송석·서정일·정현경·최성욱 옮김 |

Theorie der Unbildung

한울
아카데미

THEORIE DER UNBILDUNG

Die Irrtümer der Wissensgesellschaft

by Konrad Paul Liessmann

Copyright © Paul Zsolnay Verlag Wien 2006

Korean Translation © 2018 by HanulMPlus Inc.

차 례

옮긴이의 말

오스트리아의 철학자 콘라트 파울 리스만(Konrad Paul Liessmann)은 서구의 장구한 인문학 전통을 계승한 몇 안 되는 인문학자 가운데 한 사람이다. 저자는 유럽 사회에 만연하는 '몰(沒)교양'의 양상을 '정신의 실종' 혹은 '정신의 부정'으로 규정한다. 교양은 말 그대로 절차탁마의 과정으로서 부단한 정신 활동의 결과이다. 정신이 부재(不在)한 곳, 즉 전혀 사유하지 않거나 사유를 거부하는 사회에서는 지식이 '사이비 지식'이나 '정보'로 전도(顚倒)되고 교양 대신 몰교양이 미덕으로 치부된다. 극단적으로 말해, 인간은 자기 머리로 사유하는 것이 아니라 정해진 공식과 매뉴얼대로 사유하기만 하면 된다. 이런 의미에서 몰교양은 정신의 활동과 사유가 멈춘 형태이다.

몰교양이라 일컫는 작금의 현상은 전통적인 휴머니즘과 보편적 교육 이상을 낡은 것으로 치부하고 이른바 정보사회(Informationsgesellschaft)의 맞춤형 지식, 즉 '조각화, 파편화된 지식'만이 난무하고 진정한 '교양 이념은 부재'하기 때문이다. 즉, 몰교양은 '정신의 자본화'에 따른 필연적 결과이며 그 현상은 제도권 교육계 구석구석에 매우 다양한 형태로 광범위하게 퍼져 있다. 그 중심에 대학이 있음은 물론이다. 콘라트 파울 리스만의 『몰교양 이론: 지식사회의 오류들(Theorie der Unbildung: Die Irrtümer der Wissensgesellschaft)』은 교양이 몰교양으로 퇴행하는 과정을 역사적으로 추적하고, 소위 지식 정보사회에 편재하는 몰교양의 다양한 양상을 분석한 교양의 부정적인 이론서이자 교양의 현상학이며 교육개혁, 대학 구조조정 속에서 만연되고 있는 몰교양의 여러 단면과 실태를 적나라하게 고발한다.

인문 교양은 서구 사회의 오랜 전통이며 서구 사회가 소중하게 지켜온 가치이다. 특히 근대 시민사회의 형성 과정에서 개인의 자율성과 인간성, 고전에 대한 이해는 교양 시민계급의 자기 이해와 정체성을 결정하는 토대였다. 그러나 시민계급이 몰락한 후 인문 교양은 낡은 과거의 유물이 되었다. 처음에는 사라진 교양의 아우라를 '짝퉁 교양'으로 어설프게 대체하려는 시도가 있었지만 마침내 전통적인 지식이 기능화되고 개인의 존재는 사물화되면서 교양은 이제 필요 없는 존재가 되었다. 이것이 몰교양이라고 부르는 오늘날의 지식 상황이다. 몰교양은 양상과 정도만 다소 다를 뿐 전 세계적으로 나타나는 공통 현상이다. 여기에 속하는 현상들을 우리 사회에서도 쉽게 찾아볼 수 있다. 대학 간 순위 및 지표 경쟁, 자본주의 시장 논리에 따른 일방적인 교육개혁과 그 시행착오, 프로젝트 경쟁, 국책 사업 보고서, 정량적인 연구 평가, 논문 수를 늘리는 데 급급한 풍토, 지식 노동자, 지식 매니저(지식 경영자) 외에도 수없이 많은 사례를 들 수 있다.

 이런 맥락에서 이 책에 언급된 지식사회의 오류와 교육의 제반 문제는 글로벌 차원에서 논의해야 할 주제들이다. 신자유주의와 세계화 전략은 21세기 정보기술(IT) 발전의 성과와 기대에 힘입어 빠른 속도로 우리의 지식 체계와 교육과정을 변화시켰다. 새로운 지식사회에서 지식은 이제 인식과 무관한 것이 됐으며 교양과 개인의 인격 도야는 아예 안중에도 없는 듯하다. 그저 사회적 수요와 시장의 요구에 부응하는 역량, 기술, 노동 과정에 활용될 수 있는 것만이 중시된다. 이 변화 과정은 철저하게 획일적이며 총체적으로 진행되고 있다. 현실의 요구에 순응하지 않으면 추월당하거나 도태될 것이라는 우려와 두려움이 항상 우리 의식에 내재되어 있기 때문이다. "선행 학습을 하지 않으면 좋은 학교에 진학할 수 없다", "사교육을 받지 않으면 대학에 갈 수 없다", "해외 연수나 인턴 경력이 없으면 취업에 불리하다", "언론사가 제시하는 평가 기준에 못 미치는 대학은 순위 경쟁에서 뒤처진다"와 같은 위협적인 강령은 사회를 작동시키는 하나의 원칙이 되어버렸다.

 어느 누가 이 공포와 강요에서 자유로울 수 있겠는가? 이것은 개인 차원에서 선택할 문제가 아니다. 한때 "아픈 것이 청춘"이라고 말한 이가 있다. 이 시대의 청년들이 안고 있는 문제는 왜곡된 사회 구조와 부의 불공정한 분배에서 기인하는 것이지, 개인이 꼭 경험해야 할 통과의례는 아니다. 만약 그렇게 생각한다면 그것은 본질을 호도하는 낭만적인 기만일 것이다. 우리 사회는 잠시나마 '일'을 중단하고 자신과 세계에 대해 고민하고 사유할 시간을 허락하지 않는다. 다시 말해 교양을 쌓을 여유가 전혀 없는 것이다. 인생의 시계는 철두철미 진학, 취업, 재교육, 평생교육을 위해 필요한 지식을 습득하는 데에 맞춰져 있다. 이러한 상황에서 누가 아무 거리낌 없이 학생들에게 '고전을 읽어라!', '인성을 갖추고 교양을 쌓아라!'라고 권할 수 있겠는가? 이 시대에 교양을 말하는 것은 정말 시대착오적인 것인가? 인문 교양을 위한 독서와 사유의 필요성이 정말 설득력과 호소력을 가질 수 있는가? 교육의 실용적인 목적을 전혀 배제할 수는 없지만 그렇다고 교육이 전적으로 목적과 욕망에 봉사할 수는 없다. 순전히 물질적인 관점에서 보면 인간은 자기가 먹고 마시는 것, 혹은 자기가 가진 것의 총합(總合)일 수 있다. 그러나 인간은 다른 유기체와 달리 정신적인 존재이다. 어떤 교육을 받았고, 어떤 삶을 살고자 하는지가 그의 존재일 것이다. 무언가를 할 수 있는 능력만큼이나 무엇이 되려는 의지도 중요하다. 우리의 존재 이유를 묻고 성찰하는 것은 교양의 근본적인 과제이며 동시에 목적이 아닌가?

이 책은 2006년 오스트리아에서 처음 출간되었는데 출간 당시 유럽에서는 EU 역내 국가들의 고등교육제도 단일화 구상을 담은 '볼로냐 프로세스', '유럽 공동 학점 인증제', '국제 학업 성취도 평가' 등 대학 개혁 및 교육제도 전반에 걸쳐 대대적인 변혁이 숨 가쁘게 진행되던 터였다. 비록 유럽 교육계에서 일어난 일련의 '개혁' 과정과 그 문제점을 비판하지만 10여 년 전부터 우리나라 교육계, 특히 대학 현장에서 벌어지고 있는 수많은 사례와 무관하지 않다. 오히려 광풍처럼 휘몰아쳤으며, 휘몰아치고 있는 여러 정책, 그리고 그에 대해 너무 무기력하게 순응해버린 대학의 자화상과 이로써 파생된 수많은 부작용을 돌아보기에 부족함이 없는 책이다.

저자 리스만이 '몰교양'이라고 지칭한 'Unbildung'은 '교육' 혹은 '교양'이라고 번역되는 독일어 'Bildung'과 상반된 의미의 말이다. Bildung은 한 가지 의미가 있는 우리말로 옮기기 힘들기 때문에 국내 학자들은 이 말을 (굳이 번역하지 않고) 그냥 표현하는 경우가 많다. 이것은 Bildung에 '교육'이나 '교양'은 물론, 간혹 '문화'의 의미도 있으며 무엇보다 이 세 가지 개념이 함께 포괄된 단어이기 때문이다. 덧붙이면 독일어 Bildung은 18세기 말과 19세기 요한 헤르더(Johann Herder), 빌헬름 폰 훔볼트(Wilhelm von Humboldt), 요한 볼프강 폰 괴테(Johann Wolfgang von Goethe) 등이 주도한 계몽주의의 등장과 함께 확립된 개념으로서 자율적인 '주체(Subjekt)' 관념이 생기면서 이 용어의 함의가 부각되었다. 이 개념을 교육철학적으로 정립한 인물은 프로이센의 교육제도를 개혁함으로써 독일은 물론 유럽 근대 교육의 이상을 확립한 훔볼트(1767~1835)였다. 훔볼트는 실무 직업교육을 의미하는 Ausbildung과 구별되는 인문학 기초 교육으로서 Bildung의 출발점을 '보편적인 인간 교육(Allgemeiner Menschenbildung)'으로 정의했다. 보편적인 인간 교육을 지향하는 훔볼트의 교육 이상은 크게 '자유, 비판 능력, 휴머니티(후마니타트)'로 집약되며 스스로 책임을 지는 자율적 존재, 지배적 가치관, 이데올로기에 대한 비판적 사유 능력 및 휴머니즘 공동체를 위한 끊임없는 성찰 능력의 함양을 골자로 한다. 리스만이 훔볼트와 함께 이 책에서 자주 모범으로 삼은 테오도어 W. 아도르노(Theodor W. Adorno) 역시 산업사회에서 이러한 교육의 본질이 상실되는 세태를 신랄하게 비판한 지성이다.

몰교양의 양상을 개괄하고 있는 이 책의 구체적인 내용에 관한 독자의 이해를 돕기 위해 각 장의 핵심 쟁점을 요약해 설명하고자 한다. 언급한 바와 같이 교육 문제, 특히 대학 교육과 관련한 내용은 어느 나라에서든 사회의 관심 대상이지만 정작 교육의 본질에 관한 논의에서 벗어난 경우가 대부분이다. 이 책을 통해 많은 독자가 대학 정책의 현 상황을 직시하고 대학의 대학다움을 위한 인문주의적 기초 교육의 본질에 관해 이해하는 계기가 되기를 바란다.

제1장에서 저자는 독일 민영 방송 프로그램 퀴즈 쇼 〈백만장자가 되는 사람(Wer wird Millionär)〉과 디트리히 슈바니츠(Dietrich Schwanitz)의 교양서적 『교양, 사람이 알아야 할 모든 것(Bildung. Alles, was man wissen muß)』의 사례로 이야기를 풀어간다. 이 두 가지 사례를 통해 사람들은 대중의 교양 욕구가 아직 꺾이지 않았다고 말한다. 하지만 문화 산업의 '제품'인 이것들은 이른바 지식사회에서 지식이 현재 어떤 상황에 처해 있는지를 잘 보여준다. 지식을 가볍게 취급하고 유희화하며 상품으로 만든 퀴즈 쇼의 성공 요인은 본질적으로 이 프로그램 포맷이 교양의 자부심을 철저하게 저버렸기 때문이다. 이러한 유형의 퀴즈 쇼는 점처럼 흩어져 있고 맥락 없이 고립된 단편 지식 자체를 숭배하는데, 이로써 몰교양의 형태로 나아가고 있음을 보여준다. 낱말 퍼즐 맞추기 프로그램과 마찬가지로 이런 유형의 프로그램도 진정한 교양과는 거리가 먼데, 그것은 사유의 내적인 발전, 정신의 성숙을 가로막기 때문이다.

아도르노에 따르면 교양에서 중요한 것은 책을 읽고 지식을 쌓는 것뿐만 아니라 내용의 역사적 맥락을 체계적으로 이해하는 것이다. 즉, 교양이란 (그 책을 누가 썼고, 몇 년에 나온 것인가를) 암기하는 것이 아니라 이해를 요구한다. 이것이 충족되지 않는다면 아무리 철학 서적을 많이 읽어도 그 책의 내용은 이해할 수 없는 주장들의 꾸러미가 될 것이고 죽어 있는 경직된 지식이 될 것이다.

문화산업에서 지식은 무시할 수 없는 오락의 소재로 부각되고 있다. 하지만 대중매체에서 방영되는 다양한 지식 쇼를 관통하는 보편 원칙은 우리 삶의 중요한 내용을 다루는 것이 아니라 대중의 호기심을 자극하기 위해 '흥미를 끌 만한 지식'만을 보여준다는 점이다. 그래서 지식 쇼에 등장하는 단골 소재는 사람을 자극하고, 놀라게 하며, 어리둥절하게 만드는 것들뿐이다. 이런 상황에서 지식은 사람을 깜짝 놀라게 만들거나 대중의 호기심을 자극할 만한 것으로 제한될 수밖에 없다. 지식의 오락적 가치가 부각되고 지식 자체가 임의적인 것, 무한한 것이 되어가는 상황에서 대중의 교양 열망은 날로 커지고 있다. 디트리히 슈바니츠의 『교양』은 우리가 잃어버린 교양 자산에 대한 갈망과 '사람이 꼭 알아야 할 것'에 대한 갈망을 해소해주겠다고 약속한다. 이 장의 부제(副題) "사람이 알아야 할 모든 것"은 두 가지를 암시한다. 그것은 교양에 속하는 것은 임의적이지도 무한하지도 않으며 몇백 페이지로 재미있게 확정할 수 있다는 것이다. 현재까지 모든 교양 논쟁에서 '꼭 알아야 할 것이 무엇인가'라는 문제에 확정적인 답을 내린 적이 없다. 현대사회에서 교양으로 모은 지식이 신분 상승을 보장해주거나 더 좋은 직업을 잡을 기회도 부여해주지 않고 기껏해야 파티에서 떠드는 '잡담'에만 도움이 된다면 우리가 알아야 할 것은 무엇일까?

제2장에서 저자 리스만은 현대사회의 지배적인 담론이 된 '지식사회'의 실체와 허상을 비판한다. 리스만에 따르면 지식사회에서 강조되는 지식은 이성적인 사유, 비판적인 성찰, 즉 그의 말을 빌리면 '세계에 대한 통찰'이 아니라 그저 정보에 불과하며 사회적인 효율성과 유용성만을 기준으로 의미를 갖는 것에 불과하다.

지식은 정보 그 이상이다. 지식은 수많은 데이터에서 정보 가치가 있는
것을 걸러내기만 하지는 않는다. 무엇보다 지식은 세계에 대한 통찰이
며, 세상을 '인식하고, 이해하고, 파악하는' 것이다. 주로 사건과 연관성
이 있는 관점에만 의미를 두는 정보와 달리, 지식은 당연히 단선적인 의
미만을 목표로 삼지는 않는다.

- 제2장 본문 중에서

리스만은 우리가 알고 있는 지식사회는 '정보사회'를 일컫지만 실상은 정보사회에도 미치지 못했다고 단언한다. 설령 정보사회를 지식사회라고 규정한다 해도 새로운 정보를 습득해야 한다는 강박에 사로잡혀 '끊임없이 배워야 한다'라는 '평생학습', '재교육'이 지배적 담론이 된 것이라고 진단한다. 그런데도 무엇을 왜 배워야 하는지 본질적인 문제 제기조차 하지 못하는 상황이 더 큰 문제이며 '사유의 노력 없이 간단하고 단순하게 성취할 수는 없는' 지식과 정보를 분간하지 못하고 지식을 '관

리' 혹은 '경영'할 수 있다고 믿는 것이 오늘날 지식사회의 실상이라고 저자는 지적한다.

지식사회가 근대 산업사회에서 벗어나 새로운 사회의 패러다임을 제시하는 계기인 듯하지만 저자는 현재의 '지식사회가 산업사회를 해체한 것이 아니라 오히려 지식이 아주 **빠른** 속도로 산업화'되고 있는 세태를 논박한다. 그런데 이 지식사회 담론을 대학에서도 무비판적으로 받아들이면서 경제적인 효용성과 활용 가능성을 기준으로 한 '지식의 대차대조표'를 분석하고 '투입 및 산출'을 따져 대학마저 지식 경영자에 의해 끌려가고 있다고 비판한다. 지식사회 담론에 포획당한 구성원들이 사회와 대학을 피폐하게 만드는 현상을 저자는 다음과 같이 지적한다.

이른바 지식사회의 주인공들이 얼마나 순진하고, 쉽게 기만당하며, 근본적인 의미에서 얼마나 단순하고 무지한 존재인지 알면 정말 놀라울 지경이다. 과거에는 지식의 중심지였던 대학이 개혁 과정의 파도와 구조조정을 받아들이면서 점차 기업의 컨설팅에 의탁하고 있는 사실은 '코칭, 컨트롤링, 모니터링'이라는 지배적 언어에 처연하게 순응하는 현상을 통해서뿐만 아니라 한때 그것을 비판적으로 해체하는 것이 사회과학적 지식의 과제였던 바로 그 이데올로기에 대한 무지를 통해서도 확연하게 드러나고 있다.

- 제2장 본문 중에서

제3장에서는 교양과 이른바 '짝퉁 교양', 즉 '어설픈 교양' 및 '몰교양'

의 현상과 양상을 예리하게 분석한다. 오늘날의 교양은 아무리 봐도 시대정신에 역행하는 개념인 것 같다. 현재 진행되는 교육개혁은 세계 어디서나 교양과는 전혀 다른 방향으로 가고 있기 때문이다. 교육기관은 시장 논리에 맞추기 위해 부단히 노력하고 있으며 그것도 모자라 심지어 시장과 하나가 되려는 강박에 빠져 있다. 또한 지식정보사회, 4차 산업혁명, 빅 데이터, 인공지능과 같은 거창하고 위협적인 화두는 교육 목표와 정책까지 완전히 바꿔놓았다. 교육은 시장과 기업의 요구에 빠르게 적응해야 하고 첨단 기술 발전에 뒤처져서는 안 되며, 미래와 글로벌 세계의 도전에 민첩하게 대응해야 한다. 이를 위해 지식보다는 언제나 사용과 폐기가 가능한 단편 지식과 정보가, 개인의 인격보다는 팀워크나 집단 직무 능력이, 인성보다는 성적과 스펙이 더 중요하게 되었다.

우리의 경우에는 무엇보다 대학의 연구와 교육을 산업 생산과 일치시키려는 산학(産學) 협력이 그 어느 때보다 강조되고 있다. 교육과정은 공장의 생산 공정처럼 합리화되고 합목적적인 지식 생산과 수용은 철저한 계획과 통제 아래 효율적으로 관리되고 있다. 그뿐만 아니라 대학 교육의 몰교양 경향은 여러 곳에서 그 징후를 찾을 수 있다. 현대사회의 문화산업이 모든 예술과 지식을 상품화하듯이 대학에서 지식은 하나의 상품처럼 소비자의 기호에 맞게 판매되고 소비된다. 지식은 재미있고 쉽게 이해될 수 있어야 한다. 이른바 '가벼운 지식'만이 요구된다. 문학, 역사, 철학이란 이름이 붙은 교과는 대개 폐강되거나 극소수만이 수강하는 희귀 강좌가 되었다. 선진화 교육 프로그램이나 새로운 교수법은 스스로 사유하고 고민하는 학습 과정을 배제한다. 복잡한 대상을 일목

요연하게 정리해 쉽게 전달하는 것을 목표로 삼는다. 또 다른 징후를 우리는 지식의 미디어화에서 발견한다. 지식은 매체를 통해 전달되는 것이 아니라 매체 그 자체가 되어버렸다. 이러한 상황에서는 지식 대신 정보가 교육의 대상이 된다. 이 모든 것은 대학 교육 현장에서 쉽게 만날수 있는, 낯설지 않은 풍경이다. 대학은 이미 학문의 전당이나 상아탑이아닌 직업교육 전문 기관으로 탈바꿈했다. 우리는 학문의 미래에 대한낙관과 비관이 교차하는 지점에 서 있다.

제4장은 '서열화'의 늪에 빠진 교육계의 현상에 대한 비판을 담고 있다. 초·중등교육부터 고등교육에 이르기까지 경쟁을 부추기고 서열을정하는 것을 일종의 교의(敎義)처럼 받아들인다. 저자는 이를 '랭킹 리스트의 광기'라고 일컫는다. 그리고 이 '교의'의 핵심에 '처음부터 기업 경영 마인드'가 내재해 있다고 진단한다. 여기서도 '보편적으로 나타나는현상이 바로 전면적인 몰교양'이라고 저자는 단언한다. 그 이유는 평가,측정, 진단, 서열화, 랭킹이 대체 무엇을 위한 것인지에 대한 본질적인성찰이 결여되어 있기 때문이다. 오로지 평가를 위한 평가, 측정을 위한측정, 그것만이 전부이다. 그리하여 '비본질적인 것에 대한 우상숭배'만이 남게 된다.

저자가 말하는 이 '비본질적인 것'은 대학이 생산해내는 연구 성과의모든 것을 '단순히 정량화될 수 있는 것'으로 획일화하고 그것을 '질 보장' 논리로 포장하는 해괴한 형태로 드러난다. 그러나 저자는 대학에서의 '경쟁' 일체를 거부하고 비판하는 것이 아니다. 오히려 대학과 학문의

'본질다움'을 위한 경쟁을 복원할 것을 촉구한다. 그것이 진정한 대학의 의미와 본령이기 때문이다.

> 과거의 경쟁은 다양한 세계 해석, 연구 방법 및 모델들 간에, 또한 다양한 학문적인 문화들 간에 이루어진 경쟁이었다. 다시 강조하거니와, 과거의 경쟁은 진리에 접근하기 위한 경쟁이었지, 지금처럼 앞 순위에 들기 위한 경쟁이 아니었다. 유럽의 학문과 대학의 전통에서 처음부터 늘 벌어졌던 경쟁은 더 나은 이론이나 더 훌륭한 선생을 모시기 위한 것이었다. 하지만 오늘날 새롭게 고안된 경쟁은 허구적인 시장과 밀접하게 관련된 것으로서, 서열화된 평가 및 테스트 결과가 만들어낸 것이다.
>
> - 제4장 본문 중에서

제5장은 마치 21세기 대학의 실상에 대한 적나라한 보고서처럼 읽힌다. 저자는 철학자 이마누엘 칸트(Immanuel Kant)의 학문 여정에 대한 소개를 통해 이를 반추하고 있는데 독자를 자연스레 "만일 칸트가 21세기 대학 사회에 있었다면 어떻게 되었을까"라는 가정으로 이끈다. 칸트가 지금의 학계 상황에 있었다면 그는 임용부터 재계약까지 번번이 고배를 마셔야 했을 것이다. 외국 명문 대학 박사도 아니고 다양한 연구 경력도 없이 한 대학에서만 강의했기 때문에 동일 대학 출신의 임용을 금지하는 원칙에 걸려 임용 자체가 불가능했을 것이다. 임용 후에도 그는 10년간 단 한 편의 논문도 발표하지 않았기에 재계약 자체가 불가능했을 것이다. 하지만 칸트는 이 '침묵의 10년' 동안 철학사에서 불멸의

고전이 된 『순수이성 비판』을 썼다.

　오늘날 우리 대학을 무겁게 짓누르는 억압은 아마 도식적인 '평가'일 것이다. 대학의 연구와 강의도 다른 분야와 마찬가지로 표준화된 객관적 평가를 받아야 한다는 주장에 반대할 사람은 없을 것이다. 하지만 이 평가가 원래 의도했던 목적을 달성할 수 있을까? 그것이 어려운 것은 우선 '대학의 질적인 평가에 관한 합의 기준이 없기' 때문이며, 두 번째로 학문의 질을 평가하는 방법이 경영학 이론이나 기업 컨설팅 기법에서 빌려온 것(지표나 지수)이어서 학문과 대학의 활동을 왜곡하기 때문이다.

　대학의 강의 평가는 관광객을 상대로 실시하는 서비스 만족도 조사처럼 변질되어 정작 수강해야 하지만 공부하기 힘든 강좌보다 가벼운 내용을 느슨하게 가르치는 강좌의 평가가 더 잘 나오기 때문에 신뢰도나 신빙성에 문제가 있다. 심지어 강의 평가가 교수나 강사들을 내부적으로 통제하는 장치로 악용되기도 한다. 연구 업적 평가도 마찬가지이다. 교수의 연구 업적은 그 어느 것보다 중요한 항목이지만 어떤 기준에 따라 연구 활동을 평가해야 하는지 불분명하다. 그저 외국 학술지에 등재된 논문이 평가에서 절대 우위를 차지하고 연구비 수혜 논문이 우대받는데 진정 어째서 그래야 하는지 설득력 있는 해명은 없다. 이것은 연구비를 따서 진행하는 자연과학 연구 패러다임에 맞춘 평가 기준이며, 이로써 평가가 의도하는 바가 무엇인지 분명히 드러난다. 현재 이루어지는 평가의 가장 큰 문제는 평가 기준을 자의적으로 정함으로써 연구 방향을 획일적으로 왜곡한다는 점이다. 학문의 전통적 평가 기준이던

'창조성'이나 '독창성'은 평가에서 무시되고 연구비를 지원받기에 유리한 응용 중심의 연구나 집단 연구만 우수한 평가를 받는다. 그래서 많은 대학이 연구비를 받을 만한 핵심 연구 주제를 설정하고 모든 연구 계획을 그 아래에 예속시키고 있다.

근대 학문의 이론과 사상은 이성적 담론 공간에서 끊임없는 비판을 통해 그 가치를 검증받을 수 있었다. 하지만 현행 평가 방식은 '정량화' 우상에 사로잡혀 통계와 도표, 줄을 세우는 방식으로 평가 가능한 것만을 인정하고 있기에 연구의 질을 제대로 평가할 수 없다. 이것은 외부 평가 기관에 의한 평가가 안고 있는 가장 큰 문제이기도 하다. 평가를 통해 학문의 표준이나 방법이 남몰래 조종될 수 있기에 학문이 외부의 영향(정치적, 경제적 이해관계)을 받을 수 있다.

이런 식으로 진행되는 평가는 학술 활동의 질을 제대로 파악하지 못하며 오히려 학자들의 활동을 한 방향으로 유도하기만 한다. 평가로 인해 모든 학자가 양적인 방법으로 양적인 조건(논문 편수, 피인용 지수)을 맞추는 데 급급하기 때문이다. 평가에 맞추다 보니 숫자나 통계, 시류를 파악하는 능력이 중요한 고려 대상으로 부각된다. 아울러 학계의 미래 연구 동향이나 융·복합 연구에 유리한 연구 주제로 프로젝트 신청서를 쓸 만한 능력도 그러하다. 그런데 이렇게 작성된 연구 계획서는 과장되고 공허할 수밖에 없다. 이 모든 세태는 대학, 학문, 학자들이 외적으로 '자율성'이라는 이름을 달고 있지만 강력하게 작동하는 통제 메커니즘에 철저히 순응하고 있기 때문이라고 저자는 진단한다.

오늘날 학문의 자유를 위협하는 것은 독재나 검열도, 폭군의 전횡이나 전체주의적인 정권도 아니다. 정교한 망으로 짜인 평가 시스템으로 이루어지는 외부의 통제야말로 학문의 자유를 위협하는 요인이다. 이와 함께 원래 강의나 연구에 지원되어야 할 공적 자금 가운데 상당액이 민간 기업으로 흘러들어 가고 있다는 것도 평가의 보편적인 의지가 의도한 부작용임이 분명하다.

- 제5장 본문 중에서

제6장에서 저자는 유럽 대학 교육의 본질과 이념이 극도로 변질되고 있는 양상을 비판한다. 저자는 EU의 교육개혁안이 유럽의 대학 이념을 허물고 있다고 진단한다. '정치권력과 종교적 도그마와 같은 외부 영향력으로부터의 독립, 연구 주제 및 방법론의 자유롭고 자율적인 선택, 학문이라는 독자적인 체계 수립에 대한 긍정적인 전망과 열정, 강의와 연구의 조화로운 통합과 이를 통한 정신의 발현, 교수와 학생 사이의 지적, 정신적 교류와 유대감 형성' 등 대학의 이념과 특성을 특징짓는 전통적 가치들이 퇴색되고 있는데도 이를 방치하거나 심지어 조장하고 있다고 비판의 목소리를 높인다.

그 단초가 된 결정적인 행보는 1999년 '볼로냐 프로세스'의 발효이다. 이에 따르면 유럽 대학은 미국식 학위 제도를 고스란히 모방한 교육개혁에 착수하게 되었다. 이 같은 개혁을 추진하는 목적은 역사와 전통이 서로 다른 각국 대학의 복잡한 체계를 단일화하고 공통된 학제 및 학위 과정과 커리큘럼을 도입해 대학생과 연구자의 교류를 증진하고 학업 성취 결과를 상호 인정하기 위해서이다. 하지만 취지와는 달리 '사실상 유럽 전역에서 똑같은 내용을 공부'할 수 있으므로 굳이 유학을 갈 필요가 없게 되었다. 결과적으로 상호 교류를 증진하려던 고등교육제도의 단일화가 오히려 교류를 방해하는 결과를 초래했다는 것이다. 이것은 수차례의 교육개혁 조치에서 엿볼 수 있는 무수히 많은 역설적인 사례 가운데 하나이다.

저자는 탐욕스러운 자본주의가 개입된 숨은 의도를 가감 없이 드러낸다. 경제 논리가 대학조차도 비즈니스 마인드로 무장시켜 단기간에 소위 고학력자를 배출하도록 압력을 행사한다는 것이다. 대학은 권력과 당국의 그늘에서 해방되어 스스로를 통제하고 조종하는 기능이 있는데도 외부 컨설팅 회사나 경영학 기법에 의존한다. 이로써 나타난 현상은 비극적이다. 저자 리스만은 그 비극의 양상이 '학문적인 호기심을 억누르는 현상'으로 이어졌으며 '혁신이라는 마법에 중독된 사회에서는 학문적인 호기심 따위는 비생산적인 것으로 치부'되는 것으로 나타나 있음을 지적한다. 대학은 프리드리히 빌헬름 요제프 셸링(Friedrich Wilhelm Joseph Schelling)이 언급한 바와 같이 자신이 실현해야 할 '지식 그 자체의 이념', '그 자체로 무조건적인 지식의 이념'을 포기함으로써 근대의 문을 활짝 연 지식의 보고(寶庫)이자 창구 역할을 하던 본연의 자격을 스스로 포기하고 반납한 것이다.

이제 대학은 직업교육과 평생교육에 매달리는 지식 공장으로 변질되었다. 이 결과는 참혹하다. 학생들은 충분한 지식과 연구 역량을 채 쌓기도 전에 졸업장을 넘겨받고 노동시장에 던져진다. '유럽 공동 학점 인증제'는 학점이라는 제도를 통해 학생들의 학업 성취 역량 및 결과를 수치화하거나 정량화해 학문적 성취에 대한 질적 내용적 파악을 무력하게 한다. 그뿐만 아니라 '대학의 경제화'는 대학 커리큘럼을 모듈화함으로써 각 학문 영역에 따라 고유한 특징이 있는 지식을 임의로 재단해 거대한 기계의 부품처럼 여기저기 끼워 맞춘다. 인문학처럼 깊이 있는 사유가 필요한 학문은 존립 기반이 위태로운 가운데 다른 학문들, 예컨대 공학이나 자연과학과의 융합 속에서나 겨우 응용 가능성이라는 이름으로 생존을 모색한다.

이 상황들을 종합해보면 대학은 결국 극히 일부만을 제외하고 알맹이 없는 허울만 남게 될 공산이 크다. 왜냐하면 학문의 보루가 되어야 할 대학에서 다른 무엇으로도 대체 불가능한 학문이 사라지고 있기 때문이다. 그래서 저자가 보기에 문제의 중심은 역시 대학 그 자체이다. 대학 스스로 '늘 변함없이 스스로를 성찰의 중심으로 여기지만 정작 대학에서 일어나는 일들은 성찰하기를 거부'하기 때문이다. 그렇다면 어떤 대안이 있을까? 세계 환경이 급변하는데도 대학은 여전히 학문 복원에만 힘써야 할까? 저자는 이처럼 대학이 추구하는 개혁의 허상을 고발하면서도 "학문 자체의 이념은 대학에서 실현되어야 한다"라는 셸링의 사고, 직업교육의 중요성을 간과하지 않으면서도 연구와 강의의 조화와 합일을 중요시했던 훔볼트의 구상이 오늘날에도 유효하며 적용 가능하다는 희망을 내비친다. 하지만 이러한 희망조차 갈피를 잡지 못한다면 볼로냐 프로세스에서 촉발된 대학 개혁은 궁극적으로 비극으로 막을 내릴 위험성이 적지 않다고 할 수 있다.

제7장은 이른바 '인문학의 위기'에 대한 성찰을 담고 있다. 저자는 학문을 이른바 '우수 학문, 핵심 학문, 엘리트 학문'으로 자의적으로 구분해 '집중 육성'한다는 구상의 이면에 '파괴적인 광신주의'가 숨어 있다고 단언한다. 우리 학문 풍토에서도 '선택과 집중'은 이제 낯선 말이 아니다. 그런데 그 구상의 문제점은 '가까운 미래에 시장이 형성될 만한 분야에 투자'하는 것과 '평판'을 지향하는 것이다.

문제는 인문학에서조차도 이러한 카르텔에 종속시키는 정신과 사유의 부재가 만연해 있다는 점이다. 더욱 역설적인 것은 '엘리트' 담론에 맹종하는 탓에 정작 엘리트 대학으로 선정된 몇몇 명문 대학에서는 그동안 대학을 옥죄던 온갖 관료주의적 간섭을 면제시킨다는 점이다. 이것은 대학에 강요했던 '개혁'으로 포장된 조치들이 비교육적이고 비본질적인 것임을 증명하는 사례라 할 수 있다. 리스만은 "제도화된 엘리트교육이 학문의 발전에 특별히 도움이 되지도 않는다"라고 확언한다. 그것은 엘리트들이 자신들만의 카르텔을 형성하고 '학문의 혁신을 가져오기 위해서 항상 필요한 비정통주의적이며 비주류적인 인재들의 활동을 방해하기 때문'이다. 그것이 더욱 문제인 것은 시류에 순순히 따르지 않고 공동체의 인간화를 위해 복무하고자 하는 학문적인 공공성에 역행하기 때문일 것이다.

제8장은 지식사회에서 전도되고 뒤틀린 지식의 '가치'를 비판적으로 분석한다. 그는 지식사회가 "지식의 본래 가치에 대해서는 전혀 특별하고 소중하게 생각하지 않는다"라고 잘라 말한다. 지식을 '도덕의 원천'으

로 보고 '도덕적인 행동의 주권자로서 교육하고자 한' 것을 목적으로 한 계몽주의와 신인문주의 교육이념을 낡은 것으로 치부하며 올바른 인격과 인간형에 초점을 둔 전통적인 인문학적 가치를 송두리째 부정하는 '지식사회'의 지식은 오로지 경쟁을 위해 포장된 지식임을 드러내고 있다. 그렇기 때문에 전통적인 '교양 이념과 결별'한 지식사회는 역설적으로 본래의 지식 가치를 완전히 방기할 뿐만 아니라 유례없이 지식을 '경멸'하는 사회에 지나지 않는다.

> 이제 지식은 오직 활용 가능성이 있느냐의 기준에 따라 유통되거나 제거될 여지가 있는 재료로 취급받고 있다. 지식 경영 역시 그 이유 때문에 있는 것이다. 진리나 교양을 전혀 중요하게 여기지 않기 때문에 지식사회만큼 지식을 경멸하는 사회는 없었다.
>
> - 제8장 본문 중에서

리스만은 지식사회의 이 천박성이 대학에도 고스란히 이식되어 모든 가치를 계량화, 수치화, 정량화라는 우상에 함몰시키는 실태를 적나라하게 비판하고 있다. '수치로 합산되는 지식'을 가치 있는 지식으로 받아들이며 스스로 기업을 모범 삼아 '지식 자본 지표를 만들고, 마침내 대학 본연의 가치를 단순 수치와 화려한 그래픽 형태의 프레젠테이션 슬라이드로 압축'하는 대학에는 '지식과 깨달음, 호기심과 이상, 탐구적인 배움과 가르침을 통한 연구, 학문의 자유'가 들어설 공간이 없다고 저자는 탄식한다. 아울러 저자는 이러한 인식에서 벗어나지 않으면 결국 대학은

'금치산 상태'에 빠질 것이라고 경고하면서, 대학 스스로가 학문적 인식을 위한 연구, 비판적이고 자유로운 정신을 추구하는 인격체로 키우기 위한 대학 본연의 교육 이상을 회복할 것을 강력히 요청하고 있다.

마지막 제9장에서 저자 리스만은 교육개혁 담론에 대한 근본적인 성찰을 시도한다. 즉, '교육개혁'을 하면 할수록 교육이 붕괴되는 이유는 무엇인가? 그것은 교육개혁의 방향성에 문제가 있기 때문이다. 현재 추진되고 있는 교육개혁은 신자유주의적 방향에 초점을 맞춘 정책(복지국가 해체, 민영화, 금융시장 자유화, 국가 기능 축소)에 기초하고 있다. 그런데 교육 분야에서는 개혁 자체가 금과옥조가 되어버렸다. 오로지 개혁만이 선(善)이며, 개혁에 이의를 제기하는 것은 악(惡)이라는 듯이 취급한다. '각각의 사례를 통해 개혁이 정말 필요한지, 필요하다면 어떻게 개혁해야 하는지가 반드시 논증되어야' 하지만 도통 받아들여지지 않는다.

사실 '개혁'만큼 역사상 큰 변동을 겪은 개념도 없다. 원래 'Reform'에는 '반동적 요소'가 강했는데, 목표로 삼은 제도의 혁신이나 개선이 본질적으로 '되돌아가려는 의식(Rückbesinnung)'이라는 구상을 통해 출발했기 때문이다. 마르틴 루터(Martin Luther)의 종교개혁도 새로운 교회를 만들려는 것이 아니라 교회의 원래 임무와 원래 모습이 무엇인지 다시 한 번 되돌아봄으로써 기존의 교회를 갱신(更新)하겠다는 의도였다. 이러한 의미에서 '개혁'은 본질적으로 '되돌아보기'에서 출발한다. 이에 반해 현재 추진되고 있는 개혁은 철저하게 미래만을 응시한다. '미래의 도전'이나 '미래의 기회', '미래 능력'이라는 말만 난무하고 있으며 사람들은

'미래의 도전'을 기꺼이 받아들여야 하며 개혁을 통해 '미래의 기회'를 향한 문호를 개방해야 하고 제도와 관행을 '미래 능력'에 맞추어야 한다는 목소리로 가득하다.

그런데 이러한 경향의 문제는 정작 개혁하고자 하는 문제의 '본질'은 외면한다는 점이다. 과거 르네상스 운동처럼 되돌아보며 생각하려는 의지, 잃어버린 지식을 다시 획득하려는 의지로 정의되었던 개혁은 이제 아무 소용없이 앞만 보고 달려가려는 의지로 바뀌었다. 그러므로 개혁은 그 정당성과 필요성을 따지는 것을 금지하고 어떤 비난이나 비판도 허용하지 않는 이데올로기가 되었다. 근본적으로 오늘날 개혁가들은 뒤를 돌아보며 하나씩 차근차근 바꾸려는 것이 아니라 마치 시간에 쫓기듯 설정 목표에 맞춰 밀어붙이는 것 그 자체를 미덕으로 삼는다. 그리고 한참 후에 부작용이 발견되면 다시 개혁의 필요성을 언급하면 그만이다.

지난 수년간 추진된 대학 개혁에서 신자유주의 논리가 대학의 논리로 치장되어 관철되었다고 저자는 진단한다. 물론 그 명분은 개혁과 대학의 자율이다. 그러나 누차 언급한 바와 같이 대학이 당연히 누려야 할 '자율', '학문의 자유'는 시장 논리와 외부 기관이 결정하는 랭킹으로 철저하게 통제된다. 오늘날 대학 개혁가들이 외치는 자율이나 자유화는 스스로 모든 것을 직접 결정하겠다는 것이 아니라 통제의 그물망을 점점 더 촘촘하게 짜고 선택의 폭을 점점 줄이겠다는 것이다.

특히 교육 분야에서 확인할 수 있는 사실은 우리 사회가 지식사회 대신에 통제사회로 급속히 이동하고 있다는 점이다. 현재 '자율성'이라는 개념 아래 논의되는 거의 모든 것이 그러한 사회 형태를 갖추라는 명령에 따르고 있다. 이것은 자기조종 장치에 의한 지배이다. 명령을 내리는 사람은 아무도 없다. 일어나는 일은 전부 자발적으로 일어나고 있다. 하지만 경쟁이 지배하는 시대는 통제, 평가, 검증, 규정된 목표에의 순응, 성과에 대한 합의, 조절 메커니즘으로 이루어진 촘촘한 네트워크만을 요구한다. 이러한 상황에서 '학문의 자유'는 선언적 의미에 지나지 않는다.

- 제9장 본문 중에서

대학 스스로 사회의 지배적 세계관을 비판적으로 조명하지 않고 '성찰적 거리 두기'를 포기하는 개혁의 결과는 참으로 역설적이게도 지식사회에 광범위하게 퍼진 몰교양일 뿐이다. 『몰교양 이론: 지식사회의 오류들』의 마지막 부분에서 저자 리스만이 확인한 지식사회의 모습은 지난 세기 아도르노가 그토록 경계해 마지않던 '일차원적 사회'의 부활인 듯하다.

'비판의 즐거움'이 이데올로기처럼 1960년대 후반을 지배했다면 오늘날에는 '긍정의 즐거움'이 이에 못지않게 이데올로기처럼 되었다고 할 수 있다. …… 한때 교육은 망상으로 점철된 특성이 있는 한 시대의 거짓된 확신을 밝히라는 요청과 밀접하게 관련을 맺고 있었다. 이른바 효율성의 이름으로, 그리고 경제적인 관점의 통제 아래 모든 것을 종속시킬 수 있다는 생각에 현혹된 채 사상의 자유를 제한하고, 그럼으로써 허망한 망상을 그 자체로 인식하는 기회마저 빼앗는 사회는 얼마나 많은 지식이 그 사회의 창고에 쌓여 있는가와 상관없이 그저 몰교양 속에 함몰된 사회일 뿐이다.

- 제9장 본문 중에서

이렇듯 교양은 확실히 반(反)시대적 개념이 되었다. 헤겔식으로 표현하자면 우리 시대는 교양이니, 지식이니, 인성이니 하는 것들을 말하기에는 여건이 좋지 않다. 그런데도, 아니 그렇게 때문에 어느 때보다 더 우리 교육에 대한 비판적 성찰이 필요하다고 생각한다. 손익분기점의 관점에서만 보면 이 책은 딱히 수익성을 보장해줄 것 같지 않다. 그 때문인지 대학 출판부마저도 내용 검토 없이 일언지하에 출판을 거부했다. 어쩌면 이것이 몰교양이 물화된 우리 시대의 민낯인지 모른다. 한울의 통찰과 배려가 없었다면 『몰교양 이론』의 오디세이는 지금도 계속됐을 것이다. 출간을 결정해주신 한울엠플러스(주)와 편집부 여러분께 감사드리며, 부디 이 책이 몰교양화된 우리 사회에 성찰과 새로운 모색의 가능성을 제시할 수 있기를 바란다.

책을 내며

우리는 지식사회(Wissensgesellschaft)에 살고 있다. 이러한 단언은 교육정책가, 교육학자, 대학 개혁가, 유럽연합(EU) 집행위원회를 고무시키며 연구자, 시장(市場), 기업의 마음을 움직인다. 그래서 사람들은 자원이 부족한 유럽에서 지식과 교육이야말로 가장 중요한 자원이고, 교육에 대한 투자가 곧 미래에 대한 투자라고 말한다. 또한 산업 노동의 시대는 이제 끝났으며 지식 기반 활동에 모든 역량을 집중해야 한다고 열심히 떠든다. 하지만 이와 다른 의미에서 지식은 유행하고 있다.

명문 엘리트 대학과 연구 조건을 둘러싼 논쟁이 신문이나 잡지의 표지 면을 장식하며, 초·중등교육과 고등교육의 질 저하 문제는 교육 정책에 대한 신랄한 공격으로 이어졌다. 최고 수준의 연구자 및 노벨상을 수상할 가능성이 높은 인재(人材)에 대한 숭배와 그들을 영입하려는 경쟁이 국가 현안으로 부상하고 있다. 매체에서는 과학 관련 내용이 유행하고 있다. 그중에는 생각할 만한 주제를 짧게 다루는 것도 있지만, 과학 연구 분야에 깊이 있게 접근하는 것도 있다. 이러한 유형의 성공적인 텔레비전 프로그램 포맷 가운데 하나가 '지식 쇼(Wissensshow)'이다.

언뜻 보면, 이른바 포괄적인 교양인을 양성하겠다는 계몽주의(Aufklärung)의 꿈이 정보화된 사회에서 마침내 완벽하게 이루어진 듯하다. 하지만 다시 살펴보면, 현재 지식이 만들어지는 형태는 이러한 허망한 꿈을 깨고 있다.

지식사회라는 이름으로 널리 선전되고 선포된 것들 가운데 많은 것이, 자세히 살펴보면 교양 이념에서 나온 것이라기보다는 노골적으로 정치적, 경제적인 이해관계에서 나온 수사(修辭, Rhetorik)에 불과하다. 지식사회는 결코 새로운 것(Novum)도 아니고, 산업사회를 해체하지도 못한다. 오히려 수많은 교육제도의 개혁이 지식의 산업화나 경제화를 목표로 하며, 바로 그 때문에 고전적인 교양 이론의 여러 개념을 전혀 다른 방향으로 잘못 이끈다는 진단이 나오고 있다.

평생 배우려는 각오로 자신의 인식 능력을 급변하는 시장 상황에 끼워 맞추는 유연한 인간은 빌헬름 폰 홈볼트가 『인간교육론(Theorie der Bildung des Menschen)』에서 명료하게 밝힌 바 있는 인문주의적인 교양 인상(像)이 아니며, 오히려 그것과는 정반대이다. 오늘날 우리가 알아야 하고 알 수 있는 모든 것 중에서 (물론 적지 않지만) 가장 부족한 것은 '통합하는 능력'이다. 이러한 지식은 어디까지나 불완전할 수밖에 없다. 빨리 만들어지고, 빨리 습득할 수는 있지만 금방 다시 쉽게 잊히는 '단편 지식'에 불과하다.

이런 상황은 우리가 결코 문화 비관적인 태도로 불만을 토로할 수 있는 것도 아니다. 지금껏 교양 이념이 주제넘은 망상, 거짓된 희망, 이데올로기에 대한 반감에서 자유로웠던 적은 단 한 번도 없었다. 하지만 지금 지식사회라는 슬로건 속에 나타나는 상황이 이러한 교양 이념과 어느 정도 관련이 있을 것이라 생각하는 것은 치명적인 오류일 것이다. 교양이 한때 의도했던 것에 따르면 (이것도 의심스럽기는 하지만) 오늘날 지식의 구성 형태는 「국제 학업 성취도 평가(PISA: Programme for International Student Assessment)」* 테스트부터 EU 대학 학점 공동 인정 제도에 이르기까지, 자연과학 연구가 일으키고 있는 반향(反響)부터 문화학의 유행에 이르기까지, 윈드서핑을 하는 지식 노동자(Wissenarbeiter)부터 제트기를 타고 여행하는 지식 경영자(Wissenschaftsmanager)**에 이르기까지 몰(沒)교양(Unbildung) 현상을 드러내는 형태에 불과하다는 사실이 증명되었다. 몰교양은 아무것도 모른다는 뜻이 아니다. 하지만 현재 상황의 역설은 바로 사람들이 지식의 가치를 간절히 원하면 원할수록 지식의 가치는 그만큼 더 빨리 상실된다는 데 있다.

테오도어 W. 아도르노는 (첫 번째 '독일 교육의 파국'이 도래하기 수년 전인) 1959년에 사회학적 전제들을 바탕으로 한 논문 「어설픈 교양 이론(Theorie der Halbbildung)」을 집필했다. 여기서 아도르노가 제시한 사회학적 전제는 인문학 교육을 위해 꼭 필요한 조건들, 특히 한가함(Muße)

---

* 경제협력개발기구(OECD)가 주도해 OECD 회원국을 포함한 세계 각국의 교육 성과를 비교, 점검하기 위해 2000년부터 3년마다 공동으로 실시하는 평가로서 의무교육이 끝나는 학생들의 읽기, 수학, 과학의 성취 수준을 평가한다. ― 옮긴이
** 대학이나 연구기관을 운영하고 조종하며 조직하는 일을 직업으로 하는 사람이다. ― 옮긴이

이 보장되지 않는 사람들을 대상으로 인문학 교육이 이루어진다면 그것은 어설픈 교양(Halbbildung)*으로 떨어질 수밖에 없다는 것이다. 원래 인격(Persönlichkeit)**의 구성 요소였던 것들, 즉 교양의 정신적인 내용과 관련한 표현들이 이제는 피상적으로 습득되고, 그저 사회가 요구하는 것만을 보여주는 표면적이고 물화(物化)된 정보 조각들로 바뀌고 있다. 당시 아도르노가 지적한 바와 같이 현대의 매스미디어는 이러한 어설픈 교양 형태를 구조적으로 옹호하며 보편화하고 있다.

현재의 조건에서 이 개념은 극단화되고 있으며, 또 다른 변화를 야기하고 있다. 어설픈 교양이 교양 이념과 비판적인 관계를 맺게 되면서, 교양 이념은 정당성을 잃어가고 있다. 지식이 조각화 및 파편화됨과 동시에 전(全) 지구적인 차원에서 활용될 개연성으로 바뀜으로써 비판적인 의미에서조차 구속력 있는 교양 이념과는 어떠한 관계도 맺을 수 없게 되었다. 우리 시대의 문제는 어설픈 교양이 아니라 그러한 어설픈 교양을 분별할 수 있게 하는 규범적인 교양 이념이 없다는 점이다.

신인문주의(Neuhumanismus)***가 인간의 자기완성 프로그램으로 규

---

* '절반의 교양', '얼치기 교양' 혹은 '절반의 교육', '얼치기 교육' 등의 의미가 있는 용어이다. 아도르노는 이 논문에서 'Unbildung'이 그나마 비판적 의식으로 고양될 가능성이 있으나, 'Halbbildung'은 '살아 있는 주체와 교육 간의 관계를 압살하고 상품처럼 물화된 교육'에 불과하며, 마침내 지배 이데올로기와 사회 통념에 순응하고 굴복하게 만든다고 신랄하게 비판했다. ― 옮긴이
** 혹은 '인간됨', '인간성'을 일컫는다. ― 옮긴이
*** 18세기 후반 독일의 문화 사상이자, 고대 그리스의 사유와 이상을 바탕으로 인격 형성과 교육을 표방한 교육 사상이다. 괴테, 훔볼트, 헤르더 등이 대표적인 인물이다. ― 옮긴이

정하고, 교양 시민계급(Bildungsbürgertum)이 삶의 지표로 삼았던 교양 이념은 이제 더는 지식 생산, 지식 전달, 지식 습득의 척도이자 목표가 되지 못하고 있다.

이런 상황을 조성한 메커니즘은 단지 교양 이념과 무관하게 작동하는 것이 아니라 바로 교양 이념의 부재(不在)를 전제로 한다. 오늘날 그 누구도 교양 혹은 '보편적인 교양(Allgemeinbildung)'*이 대체 있는지조차 알 수 없는 상황에 이른 것은 개별 주체의 역량 부족보다는 교육을 직업교육(Ausbildung)으로 축소시키고, 지식을 인적 자본(Humankapital)의 판단 지표로 깎아내리는 사고방식의 결과이다.

바로 이 때문에 고대 그리스 문화(Antike) 이래로 서구의 전통에서 인간의 교육 가능성으로 이해해왔던 것에 따라 가늠하고, 아도르노의 비판적인 강령의 연장선상에서 평가하면 오늘날 모든 교양 이론은 '몰교양 이론'이 될 수밖에 없다. 여기서 '몰교양'이란 단순히 지식이 없는 무식함이나 특정한 형태의 반(反)문명을 의미하는 것이 아니라, 지식을 철저하게 교양 이념과 분리해놓고 대하는 것을 말한다. 오늘날의 몰교양은 개개인이 교양을 거부했기 때문도, 교육정책이 없기 때문도 아니다. 그것은 우리 모두의 운명인데, 이는 정신의 자본화(Kapitalisierung des Geistes)로 인한 필연적인 결과이기 때문이다.

그럼에도 놀라운 것은 사람들이 과거에 '교양'이 의미했던 것에 대한 기억을 그렇게 쉽사리 몰아내지는 못한다는 사실이다. 비록 의도와는

* '일반적인 교양' 혹은 '일반 교육'으로도 이해할 수 있다. ─ 옮긴이

다르지만 온갖 유형의 교육개혁가들이 인문주의적 교양 몽상의 잔재라고 트집 잡는 내용들이 지식사회와 미디어 사회의 수단을 통해 다시 복원되고 있는 것은 사람들이 여전히 고대 그리스 신화를 읽고 즐거움을 느낄 뿐만 아니라 보편적인 미학 정전(正典)이 있기를 갈망하고 있다는 것을 보여준다. 이러한 갈망들에 아주 다양하고 많은 관점이 뒤섞여 있다는 것은 사회적으로 구속력이 있는 교양 개념이 나올 수 없음을 분명하게 말해준다. 그러나 어쩌면 없을지 모르지만 교양이 한때 의도했던 것을 회고해보는 것은 '지식사회'라는 미사여구로 간신히 은폐하고 있는 절망적인 정신 상태를 독자 여러분이 어느 정도 꿰뚫어보도록 도움을 줄 수 있을 것이다.

콘라트 파울 리스만

01

/

백만장자가 되는 사람 또는 사람이
알아야 할 모든 것

오스트리아에서는 공영방송사에서 〈백만장자 쇼(Millionenshow)〉라는 제목으로 방영한 적이 있고, 독일에서는 민영 방송사에서 방영하는 퀴즈 쇼 〈백만장자가 되는 사람〉은 수년 전부터 이러한 유형의 방송 포맷 가운데 가장 인기 있고 성공한 프로그램이다. 디트리히 슈바니츠의 베스트셀러 실용서 『교양, 사람이 알아야 할 모든 것』과 조앤 K. 롤링(Joanne K. Rowling)의 『해리 포터(Harry Potter)』 시리즈의 성공과 함께 퀴즈 쇼는 문화 낙관론자들에게 사람들의 교양 욕구와 독서 욕구가 꺾이지 않고 있다는 것을 보여주는 사례이다.

백과사전과 관련 분야 전문 서적을 공부하면서 틈틈이 준비한 자신의 지식을 테스트받기 위해 수백만 명의 시청자 앞에 기꺼이 나서는 사람들이 늘 있어왔고, 지금도 여전히 있다는 사실은 주목할 만하다. 이러한 일이 벌어지는 것은 상금을 받을 수 있으리라는 기대감이나 그 모습을 지켜보는 것만으로도 많은 즐거움을 주는 가상 테스트 상황에만 있는 것이 아니라 그 자체로 지식을 다루고 있기 때문이다. 바로 이 점에서 문화산업의 탁월한 제품인 이 쇼는 지식사회에서 지식이 어떤 상황에 처했는지를 여실히 보여주고 있다.

이 쇼의 구성은 지극히 단순하다. 예선을 거쳐 본선에 오른 출연자에게 사회자가 15개까지 질문을 던지는데 정답에 걸린 상금에 따라 질문의 난도는 점점 높아진다. 지식은 그물처럼 결합되어야 한다는 통상적인 관념과 달리, 이 쇼에서는 오로지 점처럼 파편화된 지식만을 묻는다. 두 개 이상의 보기를 제시하고 정답을 선택하게끔 객관식 문제로 진행하는 이 퀴즈 쇼에서 출연자에게 미리 제시하는 보기는 출연자가 빠르고 직접적인 반응을 보이도록 만들 뿐만 아니라 추측과 추정, 지식과 교양 사이의 경계가 어디인지도 보여준다. 출연자가 "알 것 같아서요", "들은 적이 있거든요"라는 말로 그 답을 선택한 이유를 대는 순간, 알려진 것(das Bekannte)이 알고 있는 것(das Gewußte)을 누르고 승리한다. 또한 개연성이나 신빙성으로 정답을 맞히는 순간에는 예감이나 불확실한 기억이 지배한다. 어떤 내용을 정말 알던 사람이라면 자신이 그 답을 선택한 이유에 대해 "저는 알고 있었습니다"라고 당당히 말해야 옳을 것이다. 그런데 출연자가 라틴어나 그리스어 어원에 대한 지식을 토대로 그 전문용어의 의미를 그저 추정해 맞힌 경우에는 매우 불확실하기 때문에 그렇게 말할 수밖에 없는 것이다.

이 쇼는 지식 공간에서 누구나 알고 있고 체험할 수 있는 이런 활동을 모방하고 있는데, 바로 이 점이 매력이라 할 수 있을 것이다. 여기서 얻은 교훈은 우리가 알고 있는 것 가운데 우리가 이해하는 내용은 극소수에 불과하며 많은 것은 그저 대부분 잘 모르거나 기껏해야 추정해서 맞힐 수 있었던 것뿐이라는 사실이다.

지식이 아주 다양한 분야에서 계속 이어진 질문의 결과로 나타나듯, 이 쇼에서 던지는 질문 역시 아무 맥락도 없이 우연히 튀어나온다. 그렇기 때문에 지리학에서 팝 문화로, 문학에서 식물학으로, 화학에서 영화 음악으로, 요리법에서 오페라로, 속담에서 역사로 넘어간다. 이 쇼에서 질문의 대상이 되는 그 많은 의미나 정보를 하나로 묶는 유일한 원칙은 우연성(Kontingenz)이다. 중요한 것은 우연한 질문을 만들어내는 것이며, 사람이 하는 일이라고는 질문의 난이도를 평가하는 것뿐이다.

하지만 그러한 우연성은 정보사회에서 사람들이 겪을 수밖에 없는 중요한 경험을 반영하고 있는데 그것은 다름 아니라 '값이 같은 것은 구분하지 않는다'라는 원칙이다. 디지털 정보의 바다에서 정보를 낚는 사람은 검색 엔진이 토해내는 것이 자신의 질문 내용과 딱 들어맞을 정도로 중요한 연관성이 있는지 재빨리 알아차리지 못한 경험이 있을 것이다. 인터넷 검색은 항상 첫 단계의 우연한 조건에 따라 나온 답을 내놓는데, 그것은 다른 형태의 검색이 모두 실패했기 때문이다. 네트워크상에서 움직인다는 것은 언제나 우연을 응축해 신빙성이 높은 결과만을 산출한다는 것을 의미한다.

그렇지만 〈백만장자 쇼〉가 성공을 거둘 수 있었던 중요한 이유는 이 프로그램 포맷이 교양에 대한 통념을 완전히 깨버렸기 때문이다. 모든 지식 분야와 생활 부문이 동등한 자격으로 나란히 제시된다. 이를테면 괴테의 『파우스트(Faust)』에 등장하는 인물을 묻는 물음과 할리우드 스타의 최신 스캔들을 묻는 물음이 똑같은 가치를 지닌다. 여기에는 어떤 위계 서열이 있을 수도 없고, 있어서도 안 된다. 제시된 질문에 "군이 그것을 알 필요는 없다"라는 이유를 들어 답변하지 않겠다는 태도를 보인 출연자는 단 한 명도 없다.

과거에는 중요한 것으로 인정받았으나 나중에 외면받은 보편 교양에서 남은 것들을 이 쇼는 모두 긁어모아 수집한다. 모든 것이 교양이 될 수 있지만, 교양은 결코 모든 것이 아니다. 특별히 우대받는 학문 분야나 지식 영역은 이제 존재하지 않고, 그 어느 곳에서도 정전에 관해 궁금해하지도 않으며, 전문가들 역시 이 게임에서는 기회를 잡지 못한다. 대개 잡다하게 알고 있는 사람만이 행운을 움켜잡을 가능성이 가장 높다. 복잡한 문제나 과거에 높은 교양 수준이라고 일컫던 내용에 맞춰 질문의 난이도를 정하는 것이 아니다. 그저 낯선 내용과 특별한 분야나 개념에 따라 난이도를 정한다.

디트리히 슈바니츠의 교양서적과 달리 이 지식 쇼가 시사하는 것은 우리가 꼭 알아야 할 것을 다루는 것이 아니라 우리가 알건 모르건 전혀 상관없는 것이 출제된다는 것이다. 행운만 따라준다면 출연자는 우연히 출제된 문제도 언제든 맞힐 수 있다. 이상하게도 이 쇼는 파편적인 사실 지식의 이상 자체를 숭배하며, 오랫동안 정착된 교육개혁 방향에 거스르는 관점을 취한다. 사실 그동안 교육개혁의 방향은 고립된 채 아무 맥락 없는 사실 지식들을 학생들의 머릿속에서 추방하려 한 것이다. 그런데 이 쇼가 성공을 거둔 다음부터 유행에 민감한 교사들이 그동안 학생들이 실제로 수업 내용을 얼마나 이해하고 있는지 파악하기 위해 실시했던 재미없는 구술시험을 치르지 않고 이 쇼를 모방한 퀴즈 게임을 준비했다. 그런데 그렇게 했더니 저항감 없이 받아들였다고 한다. 그래서 수업뿐만 아니라 시험도 재미있는 유희로 변했으며 이 쇼 덕분에 오랫동안 외면당해온, 맥락 없이 동떨어진 정보나 사실 자체, 의미를 묻는 교육 방식이 은근슬쩍 학교 수업에 다시 등장한 것이다.

퀴즈 진행자가 된 교사에게는 독일과 오스트리아에서 방영된 이 쇼의 출연자들과 함께 두 가지 교육 모델이 주어졌다. 여론조사에 따르면 쇼 진행자 귄터 야우흐(Günter Jauch)는 이 쇼 때문에 독일에서 가장 똑똑한 사람이라는 평판을 얻었는데 그가 고위 정치인이 될 만하다고 믿을 정도이다. 반면 오스트리아의 퀴즈 쇼 진행자인 아르민 아싱어(Armin Assinger)는 이와 다소 다른 이유 때문에 인기를 끌고 있다. 야우흐는 지적(知的)인 태도를 보이면서 대부분의 문제에 대해 출연자보다 더 많이 알고 있으며 출연자가 정답을 말할 때, 마치 자신은 정답을 확신하고 있었다는 인상을 준다. 퀴즈 쇼에서 출제되는 문제 가운데 자신이 모르는 것은 없는 듯한 태도를 보이는 것이 야우흐의 매력이라면, 아싱어는 이와 전혀 다르다. 즉, 야우흐가 교육자의 권위를 모방한 유형이라면, 아싱어는 학생들보다 더 많이 알지 못하며, 그렇기 때문에 학생들에게서도 무엇인가를 기꺼이 배울 각오가 되어 있다는 것을 숨기지 않는 친근한 교사 이미지를 풍긴다.

아주 쉬운 문제나 스포츠에 관한 질문이 나왔는데도 당황하는 출연자에게 당연히 이 친근한 진행자는 눈을 깜박이면서 첫 난관을 헤쳐가도록 도와주기도 한다. 반면에 야우흐는 출연자가 정답을 전혀 몰라 당황해 어쩔 줄 모르면, 왜 그런지 모르겠다는 제스처를 취함으로써 자신과 상대방 사이에 지적인 격차가 있음을 의심하지 않게 만든다. 출연자가 어려운 문제의 정답을 맞히면 야우흐는 권위자로서 칭찬해준다. 이와 달리 출연자와 자신의 지적 수준이 똑같다고 느끼게 하는 아싱어는 흡사 이 세상에서 꼭 알아야 할 것을 발견해 놀라움을 금치 못하는 철학자 같은 표정을 숨김없이 드러낸다.

〈백만장자 쇼〉와 같은 포맷은 대중매체의 오락 프로그램에서 몰교양의 모습으로 나타나는 교양의 위상을 여실히 보여주고 있다. 물론 이러한 유형의 방송에서 배울 것이 전혀 없다는 의미는 아니다. 문제는 이런 쇼들이 마치 인간의 지식은 불완전하다는 것을 선전하듯 확정하고 있다는 점이다. 특히 퀴즈의 정답을 맞히는 것이 그 사람의 운명을 좌우하는 우리 문화의 근원적인 장면을 강조한다. 시청자들 역시 그런 질문에 대답하지 못하는 것을 보면 견딜 수 없어서 텔레비전 앞을 떠나지 못한다. 하지만 여기서 제공하는 지식은 지식 자체의 의도에 반해 꼭 알아야 할 구속성도 없고 삶과의 연관성도 없는, 그야말로 지극히 피상적인 것에 불과하다. 그것은 포맷 때문인데, 이러한 포맷은 지식을 퀴즈의 대상으로 삼아 여타의 퀴즈 쇼나 낱말 맞추기 프로그램과 마찬가지로 교양 이념과는 아주 동떨어지게 만들 수밖에 없다. 하지만 다른 한편으로는 이 프로그램이 사유(Gedanke)의 연관성이나 내면의 성숙한 발전이라는 이상을 방해하기 때문이다.

아도르노는 한때 스피노자(Spinoza)의 『윤리학(Ethik)』에서 진정한 교양이 무엇인지 논증해보려고 시도한 적이 있다. 그가 보기에 중요한 것은 그 책을 읽고 지식을 쌓는 것만이 아니라 데카르트(René Descartes) 학파의 철학과 그 철학의 체계적, 역사적 맥락을 파악하는 것이었다. 그것을 이해하지 않고서는 스피노자를 제대로 이해할 수 없기 때문이다. 교양이란 적절한 이해에 대한 요구이다. 그래서 이러한 전제 조건이 결핍된 어설픈 교양인(Halbgebildete)에게 스피노자의 『윤리학』은 논리적으로 절대 이해할 수 없는 묶음집일 수밖에 없다. 그 책의 개별 내용을 그저 경직된 교양 지식으로 인용할 수는 있겠지만 말이다.[1] 그러한 수준의 교양 요구는 기껏해야 『에티카(Ethica, ordine geometrico demonstrata)』를 쓴 저자가 르네 데카르트인지, 이마누엘 칸트인지, 토머스 홉스(Thomas Hobbes)인지를 묻는 것으로 파편화될 뿐이다. 문제는 스피노자나 데카르트를 읽었을 법한 사람이 그 질문에 대답하지 못하는 것이 아니다. 심각한 문제는 미디어의 관심은 스피노자의 『윤리학』을 누가 썼느냐 하는 저자를 묻는 질문뿐이라는 데 있다. 아도르노가 『반교양론』에서 교양 획득을 위한 금전적 수단을 갖추지 못한 계층*에게 교양을 습득하게 해봤자 아무 소용도 없을 것이라고 비판적으로 진단했던 것이 미디어 사회에 와서 특정한 책의 저자 이름을 제때 기억해내면 행운을 잡는 것으

---

* 중세 질서가 붕괴한 후 교육과 교양, 문화를 내면화해 성장한 교양 시민계급과 달리 19세기 이후 '생산의 주체' 역할에만 머물러 문화적으로 부상하지 못한 상공업자 및 프롤레타리아트 계층을 일컫는다. ─ 옮긴이

로 탈바꿈한 것이다.

지식은 이제 오락산업의 중심 요소라 할 수 없지만 그렇다고 주변 요소에 머무르지도 않게 되었다. 지식을 다루는 다양한 퀴즈 게임 외에도 여러 텔레비전 방송사에서 방영하는 지식 및 과학 관련 방송은 지식이 오늘날 어떠한 포맷으로 폭넓게 대중에게 제공되고 있는지를 확연하게 보여준다. 〈갈릴레오(Galileo)〉, 〈뉴턴(Newton)〉, 〈나노(Nano)〉 같은 방송 프로그램의 신뢰도에 대한 평가는 각각 다르지만 그 근간을 이루는 한 가지 원칙만은 분명히 알 수 있는데 '흥미 있는 내용을 보여주어라!' 라는 원칙이 그것이다. 이 지식의 주제는 아주 다양한데 여러 대상 영역을 넘나들며 자극적인 느낌, 놀라움, 당황스러움을 불러일으키기도 하며, 스펙터클한 발견과 지식의 혁신을 보여주기도 한다. 예컨대 화성의 황량한 서쪽 지역 탐사나 유다서에 관한 내용에서 굴착기 작동 방식, 식량 산업의 축복이나 에트루리아* 사람들(Etrusker)의 사자(死者) 숭배에 관한 내용이 그것이다. 퀴즈 쇼의 무작위적인 지식 제공 형태는 이제 흥미롭고 스펙터클하지만 계절에 따라 한 번쯤 생각해볼 만한 스토리로 되풀이되고 있다. 지식의 무작위성(Beliebigkeit)이 극단으로 매력을 발휘한 사례를 『숏 문집(Schotts Sammelsurium)』과 같은 베스트셀러가 보여주고 있는데, 이 책에는 미얀마 왕들이 죽는 방식부터 토마스 만 (Thomas Mann)의 자녀들에 관한 내용까지 이 세계의 온갖 잡다한 지식이 모두 포함되어 있다.[2]

* 이탈리아 서부 지역의 옛 나라이다. ─ 옮긴이

이러한 조건에서 등장하는 지식은 사람들을 깜짝 놀라게 하는 것에 초점이 맞추어진다. 어떤 일이 있었다는 것 자체가 깜짝 놀랄 만하거나, 어떤 물건이 어떻게 작동하고 만들어졌는지가 놀랍게 느껴지는 경우가 그것이다. 그래서 과학 방송 프로그램 대부분은 테크놀로지에 큰 관심을 쏟는다. 이들 방송 프로그램이 성공한 것은 호기심(curiositas)이라는 지식욕을 자극하는 중요한 모티프에 호소하기 때문이다. 호기심은 일찍이 근대 초기부터 인식의 중요한 동기가 되었다. 그와 동시에 호기심은 임의적인 것, 개별적인 것, 특이한 것, 불필요한 것에 지나치게 몰입해 근본적인 맥락이나 진리를 간과하지 않을까 하는 의구심의 대상이었다. 루트비히 비트겐슈타인(Ludwig Wittgenstein)은 '최근의 과학적인 발견들에 대한 피상적인 호기심'을 '현대인들의 가장 비열한 소망'이라고 불렀다.[3] 그런데 대중적으로 인기 있는 방송 프로그램들은 한결같이 현대인의 이 비열한 소망을 충족시키려고 혈안이다.

그러나 유용성이 있건 없건 간에 지식의 오락적 가치는 애초부터 근대의 지식문화에 입력되어 있었다. 17세기에 꽃피기 시작한 과학과 그 성과는 이미 당시에도 괄목할 정도로 사교적인 오락에 봉사했다.[4] 게오르크 필리프 하르스되르퍼(Georg Philipp Harsdörffer)의 『여성들의 대화놀이(Frauenzimmer-Gesprächspiele)』(1641~1649)나 1676년 출간된 요한 아담 베버(Johann Adam Weber)의 『다양한 대화의 소재로 사용할 수 있는 100권의 원전(Hundert Quellen Der von allerhand Materien handelnden Unterredungs-Kunst)』 같은 성공작들은 대화술에 대해 조언하는데 교훈적인 내용도 재미있어야 하며 교양을 갖춘 내용이라도 흥미를 끌 수 있어야 한다는 것이다. 재미있는 지식을 요구하는 현재 상황을 단지 미디어 사회의 내적인 논리에 의한 어쩔 수 없는 현상으로만 볼 것이 아니라 근대에 와서 사회화된 호기심의 근원으로 되돌아가는 현상으로 보는 것도 좋을 것이다. 계몽주의와 신인문주의의 교양 이념에 이르러 비로소 지식을 호기심 거리나 임의적인 것이라는 악평에서 해방시키고, 사교 모임의 오락 거리에서 인간이라면 누구나 스스로 져야 하는 의무, 즉 문화 이해나 근대적 주체의 발전 가능성을 위한 근본 조건으로 만들려 했다.

오락산업이 지배하고, 지식 자체가 작위적이고 무한한 것이 된 지금의 세대를 생각하면 문화의 토대가 되는 것들을 이해해서 습득하고자 한 신인문주의의 보편 교양 이념은 오늘날의 교육 이론이나 교육과정에도 부합하지 않는다. 그렇지만 어쨌든 정전 중심의 교육을 추방하고 나서 이른바 김나지움이나 형식적으로(pro forma) 일반교양을 가르치는 학교에서 바로 그러한 교양 교육을 향한 열망이 커지고 있는 것은 역설이 아닐 수 없다. 디트리히 슈바니츠의 『교양』 같은 책은 바로 이처럼 잃어버린 교양 자산에 대한 열망과 '우리가 꼭 알아야 할 것'[5]에 대한 열망을 충족시켜주겠다고 약속한다. 이 책의 부제(副題)는 두 가지를 암시한다. 교양에 속하는 것은 작위적인 것도, 무한한 것도 아니며 몇백 페이지짜리로 아주 재미있게 집약할 수 있다는 것이다. 교양이란 호기심을 모아 놓은 것이나 시류를 좇는 학문 분야에서 우연히 발췌한 것과는 다른, 그 이상의 것이다. 이러한 의미에서 비록 역설적인 거리감이 있지만 슈바니츠의 책은 교양을 서구 문화의 확고한 토대를 습득하는 것으로 이해하려는 교양 개념에 충실하다. 물론 그 토대는 자의적인 것도, 조망할 수 없는 것도 아니다. 우리가 실제로 알아야 할 것을 우리는 알 수도 있다. 그것은 위에서 언급한 책을 읽는 것으로도 충분하다. 하지만 우리가 어떤 교양 이념을 충족하고자 한다면 대체 무엇을 알아야 할까?

사람이 알아야 할 모든 것을 안다고 주장하는 사람은 알아야 할 많은 것을 정작 자신이 모르고 있음을 증명받는 데 그리 오래 기다릴 필요가 없다. 슈바니츠는 자신을 독일적인 전통과 연결시켜 교양의 내용을 본질적으로 문학, 역사, 문화사, 정신사 부문으로만 한정했기에 걸핏하면 비판의 대상이 되었다. 비록 슈바니츠가 소홀하게 다룬 점을 그와 비슷한 방법으로 보완하려 했던 시도도[6] 큰 성공을 거두지 못한 것은 마찬가지이지만 그가 다른 교양, 즉 수학이나 자연과학을 무시했다는 비난은 계속 이어졌다. 슈바니츠에 대한 또 다른 비판의 핵심은 그가 유럽 중심주의 정책의 희생자들이 유럽 문화를 보는 외부적인 관점을 받아들이지 않고 교양을 유럽의 관점에서만 정의하는 현대판 신성모독을 저질렀다는 점이다. 사람들이 알아야 할 것이 무엇인지를 묻는 주제에 대해 그저 그런 것이 있다고 암시할 수 있을 뿐이라는 것이 사실상 지금까지 모든 교양 논쟁의 주요 논리였다. 그런데 슈바니츠의 근본적인 실수는 신인문주의 교양 개념의 본질을 오해했다는 점이다. 신인문주의적 교양 개념에서는 사람이 알아야 할 것을 정하는 것이 결코 중요하지 않았다.

사람이 알아야 할 것이 무엇이냐는 질문에는 이미 지식을 기능적인 가치로 바라보는 목적의식이 내재되어 있다. 슈바니츠 역시 어느덧 교양이라는 이름으로 한데 모아놓은 지식이 사회적 신분 상승을 보장하지도, 더 좋은 직업을 얻을 전망도 주지 않고 다만 이런저런 파티에서 지식인 티를 내는 것에 불과하다며 환멸을 느끼고 있다. 교양은 슈바니츠가 보기에도 한때 교양이 유래했을 법한 사교 모임의 유희 정도로 퇴행했다. 심지어 이러한 물음도 계속 제기될 법하다. 아는 체한다거나 흥밋거리만을 주워듣고 떠드는 사람이라는 부정적인 인상을 주지 않고도 "고급 사교계의 잡담(Small talk)에서 두각을 나타내기 위해 우리가 정말 알아야 할 것은 무엇인가?"라는 물음이 바로 그것이다.

　정치적인 관심사를 나누는 파티에서는 거의 대부분 이라크 전쟁이나 테러와의 전쟁, 미래에 일어날 전쟁, 전쟁 일반론에 관한 토론이 벌어진다. 슈바니츠에 따르면[7] 이러한 상황에서 빼놓지 않고 언급되는 "인간은 인간에게 늑대이다"가 토머스 홉스의 말이라는 것을 알아두면 좋을 것이다. 물론 이 문장을 "homo homini lupus"라고 라틴어로 인용하면 좋겠지만, 꼭 그럴 필요까지는 없다. 많은 교육 전문가와 교육개혁가는 일반인에게 굳이 라틴어를 가르칠 필요는 없다고 생각하며, 라틴어를 모른다고 해서 크게 문제될 것도 없기 때문이다. 그리고 슈바니츠가 밝힌 것처럼 이 문장은 홉스의 주저(主著) 『리바이어던(Leviathan)』에 나오는 말이 아니고 그의 논문 『시민론(Vom Bürger)』의 헌사(獻辭)에 쓴 것이라는 사실을 반드시 알아야 할 필요도 없다. 홉스가 이 문장을 창작해낸 것이 아니라 에라스무스 폰 로테르담(Erasmus von Rotterdam)이나 존 오언(John Owen)의 관련 문집에서 찾아 그 당시 널리 퍼진 라틴어 대립 호응어법 표현으로 인용했다는 사실은 분명 흥미로운데, 그 대립 호응어법은 '인간은 인간에게 신'이며, 또한 '인간은 인간에게 늑대'가 된다는 표현이기 때문이다.[8] 즉, 이 말은 개별적인 존재로서의 인간은 같은 인간에게 위험한 존재이지만, 사회 공동체 속에 있는 인간은 인간에게 축복이 되는 존재라는 의미인 것이다.

홉스가 주목한 것은 인간의 이 이중성, 이중 본성(Doppelnatur)이었다. 늑대 비유 문장이 로마의 극작가 플라우투스(Plautus)의 당나귀 희극 『아시나리아(Asinaria)』에서 유래한 것이라는 사실을 반드시 알아야 하는지는 여기서 논할 내용이 아니다. 어쨌든 아르투어 쇼펜하우어(Arthur Schopenhauer)와 지그문트 프로이트(Sigmund Freud), 이 두 사람은 인간의 본성에 환멸을 느낀 나머지 홉스를 당연히 알고 있는데도, 모두 이 문장을 플라우투스의 희극에서 인용했다.[9] 물론 이 문장이 원래 플라우투스 특유의 어법을 보여주고 있으며, 덧붙이면 여기서 늑대가 살인자나 절도범이 아니라 그저 가늠할 수 없는 인간의 특성을 의미한다는 것까지 알아야 할 필요는 없다.

"역시 홉스답군!"이라는 뜻을 내포한 말과 로마 희극 문학에 정통한 지식 사이의 지점에서 보편적인 교양과 순수한 현학성 사이에 예전에 그어졌던 애매한 경계선이 사라질 것이다. 근대 지식의 전형적인 현상 형식인 (전문) 학자와 교양 시민계급이 사라짐에 따라 이 경계선과 이로써 생긴 긴장도 그 매력을 잃을 것이다.

그렇다면 사람이 꼭 알아야 할 것은 무엇인가? 'Homo homini lupus'의 어원과 역사를 쉽게 인터넷에서 검색할 줄 안다고 그 물음에 대한 답을 얻을 수 있는 것은 아니다. 파티의 대화에서 고성능 휴대전화를 들고 슬그머니 조용한 구석으로 가 웹 사이트를 검색한 후에 돌아와서는 호기롭게 홉스가 인간의 야수적인 본성에 대해 쓴 우울한 문장은 사실 투박하지만 재미있는 로마 시대의 희극에서 나온 말이라고 이야기하는 것은 바람직하지 않다. 모임의 화제는 이미 최근 열린 무용 공연으로 옮겨졌기 때문이다.

바로 이러한 상황에서 객관적인 지식이 중요한 것이 아니라 어디서 검색하는지 아는 것이 관건이라는 주장은 기만적인 허언(虛言)임이 입증된다. 어디서, 어떻게 지식을 '소환'할 수 있는지 알고 있더라도 그것은 늘 피상적으로만 아는 사전(事典)적인 지식에 불과하다. 뜻이나 의미, 맥락, 이해가 중요한 상황에서 검색 옵션을 따라가는 길보다 더 많은 것을 알아야만 그 지식이 지속해서 도움이 될 수 있다.

그렇지만 많이 아는 것이 능사는 아니다. 어쩌면 실제적인 의미의 교양인이 되기 위해서는 (홉스도, 플라우투스도 좋지만) 대개 인간은 서로 불신하며 오로지 자기 이익만을 도모하는 존재라는 것, 경쟁 사회는 늑대 같은 태도를 바람직한 원리로 떠받든다는 것을 아는 것만으로 충분하다. 항상 그렇듯이 퀴즈 쇼에서 백만장자가 되는 사람은 "누가 '인간이 인간에게 늑대가 된다'라고 말했을까?"라는 질문에서 플라우투스, 홉스, 쇼펜하우어, 프로이트 사이에서 정답을 찍어 맞힌 사람이다.

02
/
지식사회는 무엇을 안다는 것인가?

'지식사회'라는 용어가 어느덧 널리 확산되어 현재를 특징짓는 유행어가 된 것은 자부심과 기쁨을 느끼게 하는 계기가 될 수 있을 것이다. '지식'을 통해 자신을 규정하는 사회는 공동체(Sozietät)로 여겨지는 사회이다. 이런 사회에서는 원래 이성과 분별, 고민과 신중, 오랜 사색과 지혜로운 숙고, 학문적인 호기심과 비판적인 자기 성찰, 가설에 대한 논증과 검증의 결집이 결국에는 비합리성과 이데올로기, 미신과 망상, 탐욕과 무지보다 우위를 점하는 법이다. 그러나 현재 사회의 모습을 관찰하면 우리 사회의 지식이 고대 그리스 이후 서구 사회의 전통에서 분별력, 실제 생활에서의 현명함, 궁극적으로는 지혜의 덕목들과 밀접하게 관련된 내용과는 전혀 무관함을 보여준다.

지식사회는 결코 현명한 사회가 아니다. 그 사회에서 빚어진 오류와 잘못들은 물론 빈번히 나타나는 근시안적인 관점과 그 속에 만연한 호전성은 다른 사회들의 모습과 다를 바 없으며, 적어도 보편적 교양 수준이 더 높은 것인지조차도 의심스럽다. 지식사회의 목적은 지혜도, 고대 그리스에서처럼 자기 자신을 아는 것(Gnóthi seauton)을 의미하는 것도 아니며, 정신적인 의미에서 이 세계와 세계의 법칙을 더 올바로 이해하기 위한, 이 세계에 대한 정신적인 통찰은 더더욱 아니기 때문이다. 지식사회가 모든 인식의 목표에, 진리 혹은 적어도 그와 연관된 분별에 도달할 수 없게 만든다는 것, 그것이 바로 지식사회의 역설이다. 지식사회에서는 더 이상 어느 누구도 무언가를 알기 위해 배우는 것이 아니라 그저 배움 자체만을 중요하게 여길 뿐이다. 왜냐하면 지식사회의 교의(教義, Credo)가 되어버린 일체의 지식이 빠른 속도로 낡은 것이 되고, 가치를 잃어가기 때문이다.

그런데 지식 습득의 활동은 '평생학습(lifelong learning)'이라는 목표로 대체되고 있는데 이것은 일찍이 1940년대 귄터 안더스(Günther Anders)가 진단한 것이기도 하다.[1] 중요한 것은 '지식이나 지혜'가 아니라 '평생학습'이다. 그러나 지식사회에서는 지혜나 깨달음도, 사회를 형성하는 것들에 대한 핵심적인 척도로서의 이해도 중요하게 여기지 않는다면 (끊임없이 배울 각오라는 겉치레 이외에) 대체 중요하게 여기는 것은 무엇이란 말인가?

현재의 정의에 의하면 지식은 의미를 제공해주는 정보이다. 그렇기 때문에 그저 생각 없이 정치적인 수사(修辭)로만 지식사회의 개념을 정보사회(Informationsgesellschaft)와 동일한 것으로 받아들이고 있다. 일반적으로 정보사회라는 말을 더 자주 사용하는데 그것은 정보가 새로운 지식사회를 흔들어놓는 디지털 미디어와 직접 관련이 있는 것처럼 여기기 때문이다. 우리가 정보사회에, 그리고 바로 그 때문에 지식사회에 살고 있다고 믿는 주장과 반대로, 이것은 우리가 '잘못된 정보사회(Desinformationsgesellschaft)'에 살고 있다는 주장을 뒷받침하는 적절한 근거로 삼을 만하다. 언젠가 게오르크 헤겔(Georg Hegel)이 정의한 바와 같이, 잘 알려진 것(das Bekannte)은 '인식되었기 때문이 아니라 그저 잘 알려졌기 때문에' 주목받는 것일 뿐이다.[2] 정보는 지식이나 깨달음과 하등의 관계도 없다. 정보에 관한 수많은 정의 가운데 아마도 미국의 체계이론가 그레고리 베이트슨(Gregory Bateson)의 정의가 가장 명확할 것이다. 그에 따르면 정보는 '나중에 일어난 사건에서 차이를 만들어내는 차이'이다.[3]

이 개념 규정에 관한 내용을 접하면 어째서 지식사회라는 개념보다 '잘못된 정보사회'라는 용어가 본질적으로 우리 사회를 묘사할 때 더 적합한 표현인지 금방 분명하게 밝혀질 것이다. 오늘날 평범한 도시민들에게는 엄청난 양의 정보가 쇄도하고 커뮤니케이션 수단이 급증하고 있다. 그런데 단순히 정보라고 포장된 수많은 인쇄물, 음향, 숫자, 영상들은 전례 없이 모든 차이를 없애버리는 경향이 있다. 그리고 설령 그 차이들을 인지한다 하더라도 나중에 일어날 사건들을 바라보는 관점에서 이 정보들은 그 어떤 차이도 드러내지 못한다. 그것은 정보의 전달 수용력 때문에 그 차이들을 지엽적인 것으로 받아들일 개연성이 있거나, 일반적으로 곧장 잊힐 수밖에 없기 때문이다.

현대인들이 하루 종일 소비하는 ('뉴스'라는 공식 제목이 붙은 것일지라도) 헤아릴 수 없는 정보를 분석하고, 그럼으로써 과연 어느 정도까지 뉴스에서 전해주지 않았더라면 알려지지 않았을 사건까지 고려해볼 때, 곧 명확하게 드러날 점은 이른바 뉴스라고 하는 것들 대부분은 뉴스가 아니며, 차이를 만들면서 실제로 무언가를 전하는 뉴스는 극히 드물다는 사실과 대개는 데이터의 홍수 속에서 힘겹게 걸러내야 하는 것들이라는 사실이다. 이와 더불어 저녁마다 방송되는 텔레비전 뉴스들 역시 소식의 묶음(Block)에 불과하다. 즉, 모든 시청자들의 가까운 미래를 위한 차이를 만들고, 그럼으로써 사실상 일기예보처럼 하나의 의미만이 있는 정보를 중계해줄 뿐이다.

지식은 정보 그 이상이다. 지식은 수많은 데이터에서 정보 가치가 있는 것을 걸러내기만 하지는 않는다. 무엇보다 지식은 세계에 대한 통찰(Durchdringung der Welt)이며, 세상을 '인식하고, 이해하고, 파악하는' 것이다. 주로 사건과 연관성이 있는 관점에만 의미를 두는 정보와 달리, 지식은 당연히 단선적인 의미만을 목표로 삼지는 않는다. 지식은 많은 것을 가능하게 하는데 그것이 쓸모없는 것인지 아닌지는 지식이 만들어지고 받아들여지는 그 순간에 결정되는 것이 아니다. 사건에 대한 관점에만 초점을 맞춰 데이터를 분석하는 정보와 달리, 지식은 인과관계의 연관성과 내적인 논리적 연결성에 따라 데이터를 해석하는 것이다.

또한 시류에 맞지 않는 방식으로 표현하면 무언가 규명하고 이해할 수 있는 바로 그곳에 지식이 존재한다고 말할 수 있다. 지식은 인식을 동반하며, 진리에 대한 물음은 지식의 기본 전제이다. 고대 그리스 이후 진리에 대한 물음은 체계적인 근거에 바탕을 둔 정보의 유용성에 대한 물음과는 분명하게 구분되어왔다. 지식이 쓸모가 있는지는 결코 지식의 문제가 아니라 인간이 처한 상황의 문제이다. 불과 얼마 전까지만 하더라도 근동학(Orientalistik)을 아주 희귀한 학문 분야로 생각해서 많은 교육정책 입안자들조차 그에 관해서는 굳이 연구할 필요가 없다고 여겼다. 그러나 2001년 9·11사건 이후에는 모든 것이 달라져 아랍 세계와 고대 오리엔트의 역사에 대한 기본 지식은 사람들이 매우 공부하고 싶어 하는 전문 지식으로 승격되었다.

물론 어디서든 의식되기 때문에 의식할 수 있는 것을 고려하면 모든 사람에게 지식을 요구하는 것은 당연히 좌절로 이어진다. 디트리히 슈바니츠가 암시적으로 달아놓은 부제(副題) "사람이 알아야 할 모든 것"은 모든 사람이 데이터 홍수와 정보 제공으로 부담을 느낄 수밖에 없는 상황에 대한 위로를 약속한다. 지식의 탈(脫)위계화(Enthierarchisierung), 그리고 임의로 변경할 수 있거나 확장할 수 있는 망(網)으로서 지식을 규정하는 것은 지식의 그 어떤 내용도 설득력 있게 드러내지 못한다. 언제든 접근할 수 있는 잠재 지식이 무궁무진하다는 사실을 고려할 때, 원하건 원치 않건 우리 모두는 실제로는 아무것도 모르는 사람들(Unwissende)이다. 비록 쉽지 않지만 어떤 물음이나 전문 분야 혹은 어떤 현상에 관해서는 어느 정도 포괄적으로 정보를 수집할 수 있다. 어느덧 거의 모든 학문 영역은 사회적으로 영향력 있는 저널과 잡지들을 통해 알 수 있게 됐으며, 단순한 내용은 인터넷 사전에 접속함으로써, 복잡하고 어려운 내용까지도 인터넷을 통해 내려받아 알 수 있게 됐다. 그러나 양적인 선택권을 의식해서 사람들이 실제로 알게 된 내용과는 전혀 다른 방식으로 처신한다는 느낌을 지울 수 없다. 이러한 정보 취득의 가벼움 때문에 교양이 지식에 방해받을 개연성이 있다. 깊이 고민하지 않고, 이해하는 과정을 거치지도 않은 채 습득한 정보 대부분은 지극히 피상적인 상태에 머물러 있게 된다. 점점 더 습관적으로 세미나 학습 자료를 인터넷에서 퍼 나르는 행위와 공부를 위해 독립적으로 쓰는 행위를 혼동하는 것은 비단 학생들만이 아니다.

정보 미디어가 제공하는 무한의 데이터 물결에 직면한 우리가 다소 위안을 받을 수 있는 것은 '중요한 점은 어떤 것을 아는 것이 아니라 지식을 어디에서 찾아야 할지 아는 것'이라는 말이다. 지식사회에서의 지식은 보관된 지식(ausgelagertes Wissen)이다. 그러나 지식은 보관될 수 없다. 전통적인 문서 보관실이나 도서관에서도, 현대사회의 데이터뱅크에서도 지식은 보관되지 않는다. 널리 퍼진 견해와 달리, 특정 기관들은 결코 지식을 소유하지 않는다. 이 기관들은 기껏해야 그것을 통해 관련 당사자들이 지식을 서로 활용하고 나눌 수 있는 조건을 제공할 뿐이다. 따라서 비(非)조직적인 데이터를 축적해놓은 데이터뱅크에서도, 미디어에서도 지식을 찾을 수는 없다. 지식은 언제나 (어떤 사안에 대해) 그것이 무엇이며, 그 이유가 무엇이냐는 질문에 대한 답변일 뿐이라는 의미다. 그렇기에 지식은 소비 대상이 아니며, 교육기관은 결코 서비스 기업이 될 수 없다. 그리고 지식 습득은 장난처럼 이루어지는 것이 아니다. 사유의 노력 없이 간단하고 단순하게 성취할 수는 없기 때문이다. 이러한 이유 때문에 지식은 관리될 수 없다. 이 세상에는 인간 이외에 다른 그 어떤 사회적, 지적 능력을 가진 주체가 없기 때문에 지식 자체는 오직 인간에게만 적용된다. 그래서 모든 지식은 주관성의 오류를 내포하며 늘 불완전하고 모순적이며 우연적인 특성이 아주 강하다.

물론 개개인의 지식이 머릿속에 들어 있는 것과 동일한 것은 아니다. 어떤 것이든 기억 속에 저장된 데이터는 지식이 아니다. 무수히 많은 내용을 낱낱이 암기하는 '기억의 곡예사들'이나 낱말 맞추기 퍼즐을 모조리 맞히는 '걸어 다니는 사전'도 엄밀한 의미에서 모든 것을 다 알 수는 없다. 이러한 개별적인 내용과 개념은 의미 있고 검증할 수 있는 연관성을 밝히는 논리적이고 모순 없는 기준과 서로 접목될 때, 비로소 지식이 될 수 있다.

물론 이 연관성은 외부의 기준을 따르는 것이 아니라 해당 지식 자체의 논리를 따른다. 예를 들면, 역사학이나 역사적 맥락(Kontext)의 논리에 따라 서로 접목되지 않고, 정치적 혹은 감성적 반응에 따라 수집된 역사 관련 데이터는 결코 학문을 파생시키지 못한다. 그것은 이데올로기이다. 역시 해당 학문의 논리가 아니라 정치적인 불안이나 열망에 따른 자연과학의 데이터는 긍정적이든 부정적이든 집단 히스테리로 변질될 여지가 많은 신화(Mythos), 환상(Phantasma)이 된다. 광우병과 조류 인플루엔자를 다루는 의학적 방법은 중세 시대처럼 우리가 여전히 지식사회와 동떨어져 있음을 보여주는 사례로 평가할 수 있다.

그렇지만 지식사회 개념은 중차대한 사회적 전환 과정의 징후를 나타낸다. 즉, 전통적인 산업사회에서 이제는 원자재의 채굴, 산업사회의 생산 및 교역 방법이 아닌 '지식'의 획득과 활동으로 이루어지는 사회로의 전환이 그것이다. '물질적인 경제'가 '상징적인 경제'로 대체되는 추세라는 것이다.[4] 전통적인 산업 노동자를 해체한 '환하게 떠오르는'[5] 지식사회의 실체를 꿰뚫어본 현대 경영학의 선구자 피터 F. 드러커(Peter F. Drucker) 이래로 정보의 취득과 공유에 몰두하는 '지식 노동자(Wissensarbeiter)'는 이러한 현상의 상징이 되었다. 드러커는 지식 노동자를 비인간적인 의미에서 "교육받은 인간(gebildete Person)"으로 정의했는데, 그 특징은 "자신들의 지식을 현재에 적용하고 미래를 만들어가는 데 활용"할 줄 아는 능력이다.[6]

더욱이 이 구상을 통해 지식 노동자는 이미 산업 노동자가 실패를 겪었던 모든 유토피아를 흡수한다. 드러커는 지식사회를 단순히 포스트 산업사회, 포스트 자본주의 사회로만 설명하지는 않는다. 모든 사람이 지식을 취득할 수 있고, 지식이 경쟁 속에 던져질 수 있기 때문에 지식은 궁극적으로는 계급을 허물게 되고 사람은 모두가 사회의 가장 중요한 생산수단인 지식을 소유할 수 있게 된다. 사회 등급의 맨 마지막 단계로 뒤처진 사람도 이젠 소유관계, 폭력, 착취 등을 핑계로 내세울 수 없게 됐다. 그는 그저 많이 배우지 못했거나, 너무 늦게 배웠기 때문이다. 아니면 그가 배운 내용이 옳지 않기 때문일 뿐이다.[7]

새로운 사회의 중요한 자원에 자유롭고 개별적으로 접근하는 이 유토피아에 남은 것은 평생학습 이데올로기뿐이다. 이 개념의 이면에는 전통적인 소유관계의 해체라는 구상보다는 오히려 그것을 통해 현존하는 소유관계에 적응하도록 요구할 수 있는 수단이 숨겨져 있다. 잘 알다시피 '평생학습'이라는 용어는 논란의 여지가 없지 않지만, 교육정책 입안자들은 마치 돌이킬 수 없는 판결을 떠올리듯 이 말에 그럭저럭 만족한다.

당연하게도 이 명칭에 담긴 고민은 문제를 내포하기도 한다. 어떤 명칭을 선택하든 일반적으로 개운치 않은 여운이 남는다. '성인 교육'이나 '경영 연수'는 철 지난 표현이 되어버렸다. 오랫동안 부자연스럽고 형식적으로 사용되었던 '평생 이어지는 배움'이라는 용어도 확립될 수 없었다. 대안으로 남은 것이 그나마 함축적인 의미상 부정적인 느낌을 주지 않아 일반적으로 널리 알려진 영어 표현 'lifelong learning'이다. 아무리 그럴듯한 표현을 선택한다 하더라도 이 용어들은 문제점을 내포하고 있다. 항상 배운다는 것은 불가피성, 정확히 말하면 강요로 귀결되지만, 진정 어떤 목적을 위해 무엇을 배워야 하는지 정확히 아는 사람은 아무도 없다. 이 현상은 노동의 유연화(Flexibilisierung)에 필요한 일체의 재교육(Umschulung)을 의미하는 것만이 아니라 '교육 요소(Faktor Bildung)'라는 솔깃한 어감으로 논의되는 경우에도 그러하다.

'평생 이어지는 배움'을 둘러싼 논의에서 지식사회에서는 인생의 어느 시절을 배움을 위한 시기로, 또 다른 시절을 생업 활동을 위한 시기로 규정하던 시대는 이미 지나갔다는 점은 이미 진부한 사실이 되어버렸다. 그뿐만 아니라 그것은 전혀 옳은 말도 아니다. 아리스토텔레스(Aristoteles)는 "모든 인간은 원래부터 지식을 쌓기 위해 노력한다"라는 유명한 문장으로 자신의 책 『형이상학(Metaphysik)』을 시작했다.[8] 지식은 오로지 인생의 특정 시기에만 습득할 수 있는 것이 아님을 의미한다.

오히려 그 반대이다. 고대 그리스 시대의 지혜 개념인 sophia는 습득한 지식, 능력, 분별, 경험의 결과로 여겨졌는데 그 무엇보다 오랜 인생을 산 이후 비로소 진정한 통일체로 결합할 수 있는 것들이었다.

그렇지만 이 지혜 개념은 평생 배움의 목표가 아니다. 왜냐하면 그 어떤 목표도 알지 못하며 수단 자체를 목표로 삼기 때문이다. 물론 합리성에 기여하는 시장 상황과 기술은 급속히 달라지고 혁신되고 있다. 인간은 이러한 각각의 변화와 발전에 적응해야 한다. 비록 꼭 새로운 것은 아닐지라도 이 과정에는 지금까지 거의 알지 못했던 역동성과 강렬함이 두드러지게 나타난다. 많은 이, 특히 나이 든 이들이 이로써 객관적으로 큰 부담을 느낄 개연성이 있다는 사실 때문만이 아니다. 더욱이 평생 배움의 이데올로기는 어쩌면 이 발전의 위험 요인들을 일방적으로 개인에게만 떠넘길지 모를 일이다. 어떤 과정을 밟든, 평생교육(Weiterbildung)에 얼마나 많은 사비용을 투자하든 간에, 사람들은 급한 경우에 항상 "너무 부족하다"라고 말하곤 한다. 그러나 이른바 스펙(직무 관련 자격) 위에 또 스펙을 쌓고 실제로는 그 자격들을 직장에서 적절하게 연계할 수 없지만 '배울 의지로 충만한 사람들(Lernwillige)'이 처한 희비극(喜悲劇) 같은 상황이 벌어지고 있다.

더욱이 평생학습에 대한 비판적 분석은 새로운 '학습 문화'를 이데올로기로 정당화하는 데 이용될 뿐인 몇 가지 신화로 제거될 수 있다. 그 결과 우리의 지식은 무기력해지고 동시에 지식은 급속히 증가한다는 견해가 지지를 받고 있으며, 이를 근거로 끊임없는 평생학습을 계속 요구하지만 분명히 말해 이러한 배타적 주장은 사실이 아니다. 우리 시대의 기술 중심적인 지식문화(Wissenkultur)의 근본은 변화를 원하는 당대의 경향이 추정하는 것보다 몇 배 더 오래되었고 확고하다. 이 지식문화의 근본이 없다면 꼭 필요한 평생교육일지라도 모래 위에 집을 짓는 일에 불과하다.

또 다른 오류, 무엇보다 학교 기초 교육에서 광범위하게 확산되고 있는 오류는 불필요한 지식의 잔재(Wissensballast)를 던져버리고 나중에 모든 것을 배울 수 있도록 그저 '공부하는 것을 배우는' 데에 국한돼야 한다고 믿는다는 데 있다. 그러나 내용 없는 학습이란 없다. 공부하는 것을 배우라는 요구는 마치 양념을 넣지 말고 요리하자는 제안과 비슷하다. 배움의 개념은 언제나 '무엇'을 전제로 한다. 그런데 지금의 어떤 교육 이념도 여기서 말한 그 '무엇'을 염두에 두지 않고 빠른 속도로 변화하는 시장 (市場), 유행, 기계의 요구에 맞춰 빈 공간으로 방치해놓고 있다. 동독 시절을 떠올리는 슬로건 "평생학습을 위한 유럽의 공간 조성(Europäischer Raum des lebenslangen Lernens schaffen)"이라는 표제를 단 EU 집행위원회의 비망록에 영향을 받아 빈대학에서는 많은 예산을 들여 이미 초등학교 때부터 '평생학습(LLL: lebenslange Lernen)'을 가장 잘할 수 있는 방법에 관한 프로젝트를 수행했다. 이 프로젝트는 '교육의 동기부여 및 평생학습 장려를 위한 교사의 역량 강화 연수 프로그램(Traningsprogramm zum Aufbau von LehrerInnen-Kompetenzen für Förderung von Bildungsmotivation und Lebenslangem Lernen)'을 의미하며 약칭은 'TALK'이다.

항상 그렇듯 평생학습은 너무 부족하다. 여기서 중요한 것은 평생 배우는 법을 어떻게 가르쳐야 할지를 교사가 배우는 것이다. 그처럼 순수

하지만 공허한 학습활동 이데올로기는 무엇보다 이제 정말 무엇을 배워야 하는지 결정할 수 있는 근본적인 무능력의 표현이기도 하다. 「국제 학업 성취도 평가」의 결과에 따라 읽기 능력이 부족하다고 한탄하는 아이들은 읽기 연습이 아니라 '학습 동기 부여'나 '자기 조절 학습'의 가르침을 받고 있다. 많은 학생에게 '학습 동기 부여'는 이미 수업의 대상이 되었다. 어쩌면 학교에서는 '아무것도 아닌 것을 위한' 동기부여를 가르치고 있는지 모를 일이다. 이러한 구상에서 놀라운 것은 이 실용적인 교육학의 허무주의에 경악하는 사람이 아무도 없다는 사실이다. 정확히 따져보면 평생학습은 '자연스러운 적응 과정'이며 '자신을 직무에 맞추도록(fit for the job) 만들거나 무엇보다 그에 맞춰 버티도록' 하고 '죽어서야 벗어날' 수 있는 강요가 되고 말았다.[9]

한 가지 사실만큼은 확실히 옳다. 즉, 근대의 개념에 따르면 결코 완결된 지식은 없고, 인식 및 과학적 진보와 밀접하게 연결된 활동을 중시했던 때에는 연구와 마찬가지로 학습이 중단된 적이 없다는 사실 말이다. 그러나 이 원칙은 본질적으로 근세 이후이며, 우리 시대의 특징은 아니다. 지금은 하찮게 여기는 학습 시간과 노동시간의 분리가 과학에서도, 일상의 실무나 기술에서도 무제한으로 적용되지는 않았다. 산업화 이전 시대에는 특정한 지식, 특히 실무 관련 지식이 현재 우리가 생각하는 것보다 변화에 대한 저항력이 있었다는 것은 옳은 말이다. 그리고 이른바 지식 기반의 활동이 사회의 모든 영역을 포괄하고 미래에 결정된다는 관념도 새로운 것이다.

일반적으로 이 관념은 진보하는 경제만이 연구 집약적인 모든 테크놀로지를 이끌어내고, 지식 생산의 동력과 결과를 나타낸다는 사실에서 출발한다. 최근에는 정보통신기술, 유전공학, 생명공학, 나노공학 등이 연이어 희망의 담당자로서 어느 정도 자리매김하고 있다. 사실 이 기술 공학들은 수준 높은 과학 지식에 기초한다. 그리고 연구와 개발에 투자하는 사람은 응용에 초점을 둔 과학의 성장에 승부수를 던지고 있는데 응용에 초점을 둔 과학의 빠른 발전 속도는 그동안 지식의 퇴보 때문에 지장을 받았던 지식을 성장하도록 이끌 뿐만 아니라 시장 경쟁력을 갖춘 공학 기술의 생산을 비약적으로 향상시킬 수 있다.

이제 학문의 목적으로서의 진리는 기껏해야 주일 예배에서나 이야깃거리가 될 뿐이다. 일차적으로 인식의 진보를 중요시한다면 현재 지배적인 경쟁 이데올로기는 다소 우스운 것처럼 비칠 것이다. 이 공학 기술들과 그에 기초한 연구의 성과를 배제하고 축소하려 한다면 지식사회에 관해서 확실한 의미를 갖고 논의할 수 있도록 현대사회에서 그 비중이 높아진 과학과 기술의 복합적 특성의 의미를 충족시킬 수 있을지는 의문이다.

지식사회 개념이 산업사회 개념을 해체했다고 한다면 (물론 더는 자본주의 사회의 종말에 관해 언급할 수 없겠지만) 그것은 사회 자체를 구성하는 하나의 생산양식이 사회를 형성하는 다른 힘에 의해 해체되었다는 말에 지나지 않는다. 이러한 인상이 발생하는 때는 산업사회를 초기 산업화 시대의 복고적이고 낭만적인 이미지로 축소할 때만 그러하다. 용광로, 제철소, 공장의 넓은 공간이 빠르게 발전하는 사회에서는 사실상 이미 이국적인 모습이 되어버렸다. 루르 지방 같은 과거 산업 단지들은 산업

생산 지역으로서의 면모를 잃어갔으며, 한때 용광로가 벌겋게 달아올랐던 곳이 이제는 컴퓨터 애니메이션 체험 지역이 되어 새로운 사회의 지식 기반 서비스를 제공한다는 사실이 그 변형 과정을 표면적으로 보여주고 있을 뿐이다.

물론 겉모습과 실상은 상당히 다르다. 특정 형태의 산업 노동이 더는 확연하게 눈에 띄지 않는다는 것은 그것이 사라졌다기보다는 옮겨졌기 때문이다. 예나 지금이나 제철산업의 용광로에서는 시뻘건 쇳물을 뿜어내고 있으며, 석유화학 공장의 굴뚝에서는 연기가 솟아오르고 있다. 그러나 용광로와 공장 굴뚝은 이미 다른 곳, 비용이 덜 드는 장소로 옮겨졌다. 하지만 무엇보다 중요한 것은 디지털 혁명이나 과학기술의 발전도 산업화 시대 생산양식의 근본 구조를 바꾸지 못한다는 점이다. 오히려 그 반대이다. 산업화 시대의 생산양식은 어떤 원자재로, 어떤 기계적 방법으로 어떤 제품을 가공하느냐를 의미하는 것이 아니라 무엇보다 모든 제품의 특정한 제조 형태를 정의하는 것이다.

이러한 형태는 다음과 같은 논리, 즉 기계화와 자동화 방식으로 동일한 제품을 동일한 조건과 방법으로 제조하는 논리로 설명할 수 있다. 산업(Industrie) 개념은 애초부터 동일하지 않은 제품을 동일하지 않은 조건에서 개별적으로 제작하는 방식을 추구한 수작업(手作業, Handwerk)과는 완전히 대립되는 것으로 이해되었다. 그렇기 때문에 산업화(Industrialisierung)는 인간의 활동이 동일성의 논리에 따른 생산 패러다임에 종속되는 과정을 일컫는 것이기도 하다. 그래서 일반적으로 인간이 만든 것 중에서 산업적인 방식을 거치지 않은 것은 하나도 없으며, 이러한 방식으로 응용 가능한 자동화 공법이 더욱 발전할수록 개별 의사소통 영역에 이르기까지 모든 활동은 더욱 복합적으로 변하고 은 밀한 일마저 산업화 방식으로 가동된다. 시뮬레이션 공법이 점점 더 효율적인 성과를 냄으로써, 예컨대 (지하철이나 전철에서의 안내 방송과 같은) 구두(口頭) 정보 전달 행동들도 산업적으로 이루어지고 있다. 즉, 동일하게 합성된 목소리가 항상 똑같은 흐름으로 재생되고 있다. 재난과 같은 예측할 수 없는 예외적인 상황에서만 그것과 구별되어 놀라거나 불안한 울림을 주는 생생한 사람의 목소리가 울려 나온다.

그렇기 때문에 생산 논리적인 측면에서 본질적인 것은 18세기 이후 생겨난 근대사회를 위한 거대한 중공업 시설이 아니라 정해진 공정에 따라 사람들의 작업 과정을 표준화, 기계화, 균일화한 것이다. 노동의 테일러 시스템화(Taylorisierung)와 컨베이어벨트는 이 논리의 외적인 형식에 불과하며 재택근무는 어설픈 형태로서 이와는 다른 것이다. 이러한 관점에서 보면 현재의 지식사회가 산업사회를 해체한 것이 아니라 오히려 지식이 아주 빠른 속도로 산업화되고 있다는 사실이 금방 밝혀질 것이다.

완곡한 어감을 주는 '지식사회'라는 표현은 그 자체가 이율배반적인 어휘이다. 연구와 개발에 관해 말하면서도 가급적 빠른 속도로 기술공학 분야에서, 경제적으로 활용 가능한 구역에서 대체할 수 있는 지식의 생산 현장을 중요하게 생각하기 때문이다. 지식의 대차대조표를 분석하고, 그에 따라 명확한 투입 및 산출(Input und Output) 관계가 손익에 맞는지 측정하는 지식 경영자에게 이끌려 대학을 기업으로 취급하는 사람들은 모든 산업적인 방식과 그 방식에 토대를 둔 경영학적 변수를 지식에 적용해야 하며 모든 것을 그 맥락에 따라 의미를 부여해야 한다고 여긴다.

적어도 산업 생산 논리에 부합한 자연과학 방법과의 유사성은 일차적으로 그러한 변형이 지극히 타당한 듯 여기게 한다. 자연과학 실험은 동일한 조건에서 동일한 방법으로 동일한 결과를 만들어내는 것이다.[10] 최소한 원칙적으로 동일한 방법으로 동일한 주변 조건에서 동일한 결과물을 생산할 수 있어야 성공한 실험으로 간주한다. 산업 생산에 부합한 자연과학 방법과의 유사성은 이미 초기에 인정되었고 기술되었으며 생산의 지식화와 지식의 산업화 간의 상호작용은 수많은 근대화 이론 가운데 표준 이론에 속한다. 연구 실험실이 산업 작업장은 아니지만 작업장과 흡사한 논리에 복종하고 있으며 빠른 속도로 그렇게 변하고 있다. 모든 원자 반응은 궁극적으로 연구실의 조건 속에서 원자력의 활용 가능성을 연구하고 테스트한 실험 원자로에서 나왔다.

원래 모든 이론적 기초 연구와 인문학은 전반적으로 다르다고 볼 수 있다. 빌헬름 폰 훔볼트의 말처럼 인문학은 공부하는 사람의 '고독과 자유(Einsamkeit und Freiheit)'를 가장 중요하게 여기는 전혀 다른 원칙을 따르기 때문이다.[11] 재능, 개별성, 다소 낭만적으로 말해 독창성을 강조하기 때문에 표준화되고 복제된 그 어떤 방식과는 도저히 합치할 수 없는 깨달음을 중요하게 생각하므로 그런 식으로 지식을 획득하는 방법을 내세울 수도 없고 제도화할 수도 없다. 그러한 지식 생산은 산업화 수공업과 흡사하며 대학 개혁이 시행될 때까지도 상급 학교에서 장인(匠人)과

도제(徒弟)의 개인적 관계를 기본 조건으로 포괄한 방식에 따라 조직화되었다. 라틴어 'Magister'가 음성변화를 거쳐 약간 변형됨으로써 독일어 차용어 'Meister'로, 영어로는 'Master'가 되었다는 사실을 거의 의식하지 않고 있다. 이른바 국제화 과정에서 'Magister'의 학술적 수준을 'Master'로 일컫은 것은 유럽 언어의 가장 단순한 어원학적 결합성을 더는 자칭 엘리트들에게 기대하지 않고 그런 식으로 수료 자격증을 통해 표준화했음을 보여준 것이다. 아울러 그것은 개별성을 그저 서로 균등화된 지식 공장의 지방색쯤으로 간주하려는 지식 습득의 일반적인 복제 가능성을 표시한 것임을 보여준 것이기도 하다.

교육제도의 효율성 향상을 명분으로 시도한 많은 개혁 정책은 단순히 산업화 원리에 순응한 것이다. 수많은 호평을 받았던 학업의 모듈 체계화는 기능적으로 차별화된 제조 공간의 원리를 완결하기 위해 각 강좌와 학습 단위로 하나씩 조립된 지식을 습득하는 형태로 옮겨놓은 것이다. '유럽 공동 학점 인증제(ECTS: European Credits Transfer System)'* 의 점수제(학점) 도입 역시 다양한 산업 규범의 산출 체계에 맞는 학업성과 평가를 위한 규범으로 개설된 것이다. 더욱이 여러 차례 긍정적인 평가를 받았던 팀워크(Teamwork)와 도처에서 강행된 연구 및 프로젝트 그룹들은 순조로운 목표, 증가율, 활용 가능성 예측 등을 내세우며 개인 편차와 같은 것에 구애받지 않으려는 구태의연한 옛날의 생산 작업반(作業班) 조직과 다를 바 없음이 판명되었다.

* 유럽 고등교육기관의 평가 기준을 표준화해 대학 학점을 상호 인정할 수 있도록 한 제도이다. − 옮긴이

이와 동시에 사회심리학적으로 흥미로운 것은 (산업화 과정에서 비슷할지라도) 심지어 국가의 보장을 받는 공무원 신분의 교수로서 오랫동안 권한과 자유의 조건을 누리며 연구하고 가르쳐왔던 사람들이 혼성적인 생산 및 통제 계획에 자신들이 편입되는 것을 비교적 순순히 받아들이는 현상이다. 이들이 '자율성(Autonomie)'이나 '유연성(Flexibilität)' 같은 꼬리표를 달고 홍보하는 단순한 수사(修辭)에 속고 있음을 우리는 (어쨌든 새로운 엘리트들에게는 그것이 중요하겠지만) 당사자의 지성 문제로 받아들이고 싶지는 않다. 한때 자유로운 정신의 소유자였지만 '기업'이 추구하는 기획 목표와 목적을 충족시키기 위해서는 어떤 일이라도 하겠다고 당당히 선언하는 지금 사람들보다 비애와 분노를 느끼고 자존심에 상처가 나면서도 자신의 작업대(作業臺)를 공장의 작업장과 맞바꿀 수밖에 없었던 옛날 수공업자들이 오히려 훨씬 더 사회의 변화에 맞서서 감수성을 드러낸 사람들이었는지 모른다.

어떤 의미에서 보면, 지식의 산업화를 이제는 사회의 마지막 피난처로 파악한 보편적인 과정을 따르는 방식으로 이해할 수 있다. '지식 노동자'는 지식의 원리를 따르는 것이 아니라 산업 노동을 추종하는 변화의 형질형(Phänotyp)으로서의 본색을 드러냈다. 즉, 지식인이 되기 위한 노동자가 아니라 노동자가 되기 위한 지식인인 것이다. 그렇지 않다면 대학이 기업으로 변모하는 것이 아니라 기업이 대학으로 변모해야 할 것이다. 가공된 원자재가 바뀌고 이제는 철과 강철이 게놈(Genom)과 미세구조(Mikrostruktur)로 대체된다는 사실이 이러한 현상을 그리 바꾸는 것도 아니며, 특히 지식 집약적인 소비재 산업은 항상 지식사회의 사례로 인용되는 정보통신기술과 똑같이 이미 산업화 초기에 중요한 역할을 담당했다. 당시 상황에서도 전신기(電信機, Telegraphie) 산업은 마치 지금의 휴대전화와 흡사하게 물리, 기술 지식에 상당한 투자를 할 필요가 있었다. 그런데 다른 한편으로 그 당시에도 일반 이용자와 소비자 가운데 전신기의 부호가 기술적으로 어떻게 전달되는지, 어떤 물리적 법칙 때문에 그것이 가능한지 아는 사람은 극소수였다. 마찬가지로 오늘날 휴대전화 사용자들 중에서도 휴대전화의 기능 방법을 명쾌하게 설명할 줄 아는 사람은 얼마 되지 않는다. 산업 생산 형태 자체가 갖는 분업(分業) 형식은 고객들에게 최신 기종 제품의 사용법을 설명하는 판매점의 상담원과 마찬가지로 기술자 역시 자신이 만들고 있는 것에 대해 '아는 것'이 별로 없다는 사실을 고려한다. 이동통신 산업에서 일하는 사람을 지식 노동자라고 한다면 지금은 전혀 통용되지 않는 표현을 홀로 사용하는 행동이나 다를 바 없다.

비록 명시적으로 표현되고 있지는 않을지라도 지식사회에 관한 논의는 다른 사회 형태, 혹은 옛날 사회 형태들이 지금 우리 사회처럼 똑같은 비중으로 지식에 기반을 두지 않았다는 생각을 불러일으키게 한다. 그와 동시에 이 논의는 오로지 특정 유형의 지식에 초점을 둘 때에만 설득력이 있다. 인간이 사회 공동체를 구성한 이래로, 그리고 그런 사회가 자연을 관찰하고 변형하기 시작한 이래로 사회 자체를 구조화하는 지식이 존재했다. 이것은 다양한 생산 과정에서 반드시 필요한 지식뿐만 아니라 인간이 이 세계에서 자신의 위상을 이해하는 상징 형태에도 적용된다. 그러므로 우리 인간은 이러한 앎의 형태 중에서 많은 것을 신화적으로 해독하고 그에 속하는 수법들을 불가사의한 방법으로 서술하고자 할 때에 그것들은 계속 획득하고 적용하며 전수할 수 있는 지식이 되는 것이다. 현대사회의 형식이 이와 다른 것은 '과학(Wissenschaft)'을 통해 신화적으로, 혹은 종교적으로 해석하는 것보다 현실에 더 타당하고 객관적으로 검토 가능한 지식의 생산 및 전달 방식을 발전시키라는 요구 때문이다. 이 지식은 효율적이고 복합적인 기술을 가능케 할 뿐만 아니라 초월적이고 형이상학적인 것, 또는 전통을 통해 보증된 보충적인 승인이 필요하지 않다. 그것은 보편적인 것에 기초하고 있는데 이러한 지식을 위해서는 인간의 이성 이외에 그 어떤 조건도 없기 때문이다.

이것이 바로 과학적인 지식의 유형이지만 현대 문명을 만든 것은 과학 자체만이 아니다. 논란의 여지 없이 문명 기술들만이 아니라 인간의 삶 전체가 점점 더 이러한 유형의 지식과 타협하고 있다. 온갖 불가사의한 방법, 영적(靈的)인 약속, 구원론, 신비주의가 끊임없이 이어지고 있는데도 말이다. 이러한 형태의 과학기술 문명은 근원적으로 (고대 그리스 시대에 중요한 전조가 있었고) 르네상스 이후 유럽에서 발전되었다. 지식사회는 결코 새로운 것(Novum)을 선언한 적이 없으며 그런 이유로 이미 역사학자들 가운데 지식사회의 근원을 최소한 근대 초기까지로 소급하고 그에 따라 지식사회 개념을 상대화해 평가한 이들도 있다.[12]

이러한 관점에서 현재 상황은 새로운 사회 유형을 창조할 역량에 미치지 못한, 오랫동안 잘 알려진 원리가 집약되고 포괄적으로 관철되고 있다. 더욱이 이 원리는 지식사회의 특징을 나타내는 과학적인 합리성을 작동시키고 있는바, 지식사회의 핵심 영역에서는 어느 정도의 문제 제기조차 하지 않고 있다. 우리가 유럽의 전통의 의미에서 '참되고 정당한 확신'으로만 지식을 규정한다면 지식사회에 널리 퍼진 상당히 많은 것은 지식이라 일컬을 수 없을 것이다.[13] 기술적인 전환을 중요시하는 곳에서는 때로 척도로서의 확증된 지식은 사라지고 아득한 신화를 인간의 조건(Conditio humana)의 운명적 계기로 진단할 줄 알았던 휘브리스(Hybris)*로 대체될 것이다. 그리고 이른바 생활 형식과 커뮤니케이션 형식을 중요시하는 곳에서 사람들은 이것을 과연 중요한 의미에서 합리적이라고 일컬을 수 있을지 스스로에게 진지한 물음을 던질 것이다.

'과학적'이라는 말은 이제 신뢰성과 연구의 기회를 높이는 것과 관련된 명성이라는 이유 때문에 치장된 표현이 아니게 됐다. 과학(학문) 이론가들 사이에서는 이미 경제학이나 정신분석학처럼 현재 높이 평가받고 있는 학문 분야가 과연 진정한 과학(학문)인지를 놓고 논란이 벌어지고 있다. 옛날 점성가와 예언가를 훨씬 능가하며 과학적 합리성의 변수를 측정하는 현대의 미래학 연구나 트렌드 연구(Trendforschung)에 대해서도 의문이 제기되고 있다. 사람들에게 영향을 끼칠 수 있느냐를 분석하는 광고심리학이나 커뮤니케이션 연구가 이미 고대 수사학 교재에서 참조할 만한 내용보다 더 많은 것을 '알 수' 있게 하는지는 전혀 확실치 않다. 우리 시대에 가장 번성하고 있는 서비스 산업 가운데 하나로 등장한 상담 업종이 목적이 치료이든 아니든 간에 정치나 기업에서부터 건강 및 생활 분야에 이르기까지 거의 모든 영역에서 각광받는 상황에서 그

---

* '신에 대한 교만'을 의미하는 그리스어이다. ─ 옮긴이

런 내용들은 지식을 통해 얻어지는 것이 아니며 그저 희화(戱畫)처럼 부풀려진 제스처에 불과하다는 지적은 지극히 당연하다.

비록 초보적인 학문의 기준도 충족시키지 못하고 있지만 인간에 관한 그러한 지식도 물론 학문의 형식으로 나타난다. 그리고 이런 모임을 개최하는 기관의 주요 전문가들은 당연히 종교 지도자처럼 대우받고 있다. 고객들도 아는 내용이 아무것도 없기 때문에 전문가를 자처하는 사람들이 내놓는 분석과 제안을 그저 믿을 수밖에 없다는 점을 알고 있다. 때로는 이른바 지식사회의 주인공(Protagonist)들이 얼마나 순진하고, 쉽게 기만당하며, 근본적인 의미에서 얼마나 단순하고 무지한 존재인지 알면 정말 놀라울 지경이다. 과거에는 지식의 중심지였던 대학이 개혁 과정의 파도와 구조조정을 받아들이면서 점차 기업의 컨설팅에 의탁하고 있는 사실은 '코칭(Coaching), 컨트롤링(Controlling), 모니터링(Monitoring)'[14]이라는 지배적 언어에 처연하게 순응하는 현상을 통해서뿐만 아니라 한때 그것을 비판적으로 해체하는 것이 사회과학적 지식의 과제였던 바로 그 이데올로기에 대한 무지를 통해서도 확연하게 드러나고 있다. 대학 구성원들이 경영 혁신(New Management)이라는 구원론의 레퍼토리에서 나온 그 어설픈 경제학 용어들을 열렬히 숭배하는 현상을 그저 수수방관한다면 과거에 전혀 다른 이데올로기 및 전체주의의 유혹에 맞서 지성을 추구했던 노력에 더는 경탄의 느낌도 받지 못할 것이다.

그럼에도 물질적 자산의 산업 생산을 위해 연구 투자 비율을 높여야한다는 점에 대해서는 이론(異論)의 여지가 없다. 그것이 기술 선진사회의 위상을 유지하기 위한 지표가 되기 때문이다. 물론 그것이 항상 가치 있는 일인지, 아니면 그 자체로 이른바 지식사회의 유일한 생산 영역마저 경쟁력을 확인하려는 목적에서 그저 왕성한 연구 활동에 자극을 주는 것 외에는 다른 의미가 없는 헛된 것을 수없이 생산해내는 결과가 될지를 놓고 논쟁할 거리가 되기에 충분하다. 그렇지만 설령 이러한 연구들과 연구를 통해 도출된 기술 혁신이 경제적 관점과 사회의 일상적이고 현실적인 삶을 본질적으로 구성하는 요인이라 할지라도 지식사회에 관한 논의의 중차대한 근거가 될 수는 없다. OECD 통계학자들이 고등교육 이수자 비율을 높일 것을 매번 권고함에 따라* 그 비율을 달성하기 위해 아무리 단기 학습 과정을 도입하거나 기준을 낮추는 정책을 도입하더라도 학자들이 주류 사회계층으로 상승하거나 과학적인 합리성(wissenschaftliche Rationalität)이 일상을 규정하는 사고방식으로까지는 이어지지 못하고 있다.

파나조티스 콘딜리스(Panajotis Kondylis)는 생산성이 대단히 높다 하더라도 기술적 합리성은 '마이너리티들의 관심사'로 그칠 수 있다는 테제를 발표한 바 있다. 그것은 합리성의 주역들에게 특별한 사회적 역할을 부여하지 않기 때문이라는 것이다. 오늘날, 발전하는 사회의 과학자와 기술자의 위상은 (소수자로서 사회에 먹을거리를 제공하고 부양하고 있지만 아무도 특별한 정치적, 문화적, 사회적 위상을 인정해주지 않는) 농부와 똑같다.[15] 과학과 기술이 어느덧 산업사회의 표준에 따라 그때그때 주를 이

---

* OECD가 해마다 발표하는 「OECD 교육지표」의 주요 내용 가운데 하나로서 OECD 회원 국들이 교육 기회를 확대하고 교육의 사회적 성과를 높이도록 하려는 목적에서 제공하는 비교 자료이다. — 옮긴이

루는 향상된 기술 수준에 맞춰 제공하는 지극히 당연한 서비스가 되어 버린 기이한 현상이 가능해진 것이다. 그렇지만 이러한 현상으로 사회의 특성과 기능 방식에 부합하는 결과가 도출되지는 않은 것 같다.

매우 다양한 사회적 조건들이 확립된 이후 현대의 학문이 원만하게 그 역할을 감당해왔다는 사실은 (미국의 자유주의, 독일의 국가사회주의, 소련의 스탈린주의 및 중국의 권위주의 체제에서도) 그러한 역량을 갖춘 지식 자체의 생산, 분배, 활용이 사회를 형성해왔다는 주장에 신중하게나마 동의하게 되는 근거이다. 그럼에도 무엇보다 학문적인 명예와 이론적인 호기심 과정에 유리한 분위기를 조성하는 조건이 주어졌다 할지라도 지식의 산업화 시대를 정확히 지식사회라고 단정하는 주장에 쉽게 동의하기 힘들다. 자본주의 체제는 지식이 직접 이용 대상이 될 수 있거나 적어도 투자 비용 측면에서 계속 손해가 되지 않는 경우에만 지식에 호의적인 반응을 보이는데, 오히려 이 자본주의 경제의 변수에 지식이 철저히 예속된 시대에 관한 논의가 최종적으로 진행되고 있는 상황이라고 볼 수 있다. 이러한 조건에서라면 지식 자체는 금치산 선고를 받게 될 것이다. 교양 개념이라고 인정받기를 갈망하는데도 지식사회의 지식은 과거에 '교양'이라 일컬었던 것들과는 하등 관련이 없다.

03

교양, 어설픈 교양, 몰교양

"지식은 권력이다." 근대의 기획은 프랜시스 베이컨(Francis Bacon)의 이 말에서 시작되었다. 그 후 과학 지식과 이와 연관된 기술은 세계를 해석하고 극복해왔던 전통적인 방식인 종교, 숭배, 신비술(Mystreien), 신화, 마술, 이데올로기를 모든 영역에서 대체했다. 근대사회가 태동한 이래 교육만큼 희망의 대상이 됐던 것은 없다. 교육은 임금노동(賃金勞動)과 자본 사이에 제3의 실존 방식이 있을 것이라고 믿었던 소시민들의 이상향이었다. 노동자계급은 혁명의 실패와 불발로 권력을 쟁취할 수 없었지만, 지식을 통해 다시 권력을 손에 쥐려 했던 이들에게는 교육이 하나의 희망이었다. 교육은 하층민, 여성, 이민자, 아웃사이더, 장애인, 억압받는 소수자들을 해방시키고 통합할 수 있는 수단이며 정보사회의 기득

권을 둘러싼 투쟁 과정에서 누구나 열망하는 자원이기도 하다. 또한 교육은 편견, 차별, 실업, 기아, 에이즈, 비인간성, 민족 학살을 예방하는 수단인 동시에 미래의 도전을 극복하고 어린아이들에게는 행복을, 어른들에게는 고용을 제공할 수 있는 가능성이기도 하다. 그러나 이 모든 것은 이루어지지 않았다. 그렇기에 교육정책만큼 거짓된 분야도 없다.*

교육은 종교적인 초월이나 혁명의 내재성을 목표로 삼지 않는 세속화된 사회의 이데올로기가 되었다. 교육은 처음부터 근대화를 추동하는 힘이었다. 반면 사람들은 교육을 받지 못해 자기 운명을 스스로 책임져야 하는 이들을 파렴치하게 근대화의 낙오자라고 불렀다. 이들에게 교육은 거짓된 위안이었다. 교육은 자극제이면서 동시에 안정제로 작용한다. 교육은 사람을 움직이게 만들지만 계속 더 나은 미래를 약속하며 위협적인 명령처럼 작용하기 때문에 사람들을 움직이지 못하게 만든다. 교육은 절대 성공해서는 안 된다. 그렇게 되면 교육의 한계가 분명하게 드러나기 때문이다. 교육은 상실한 유토피아를 보상하기에 적합하지 않으며 효율성 중심의 경제가 무리 없이 작동하도록 보장해주지도 못한다. 그러므로 교육기관들 역시 지속적으로 위기에 처해 있다. 일정한 간격으로 교육의 위기를 공언하지 않을 수 없다면 지속적인 개혁이 불가피하기 때문에 교육제도에 대한 개혁의 압박은 한층 더 고조된다.

사람들은 낡은 교육 개념과 교육기관이 새롭게 바뀌어야 한다는 말

---

* 교육 분야에서 사용되는 자기 환상적인 어휘들에 대해서는 다음 책을 참조하라. Agnieszka Dzierzbicka/Alfred Schirlbauer(Hg.), *Pädagogisches Glossar der Gegenwart. Von Autonomie bis Wissensmanagement*(Wien, 2006).

을 듣는다. 학교와 대학의 과제가 변했다고도 한다. 21세기 초에 사는 우리가 마치 19세기의 낡은 교육 이상에 맞서 싸워야 하는 것 같다. 경영 마인드가 있는 대학 개혁가들은 한결같이 훔볼트를 비난한다. 이들은 학교에서 모든 전문 지식을 추방하려 하고 교양 시민의 골치 아픈 지식 대신 직무 능력과 유연성을 요구한다. 낭만적인 교육개혁가들 중 마지막 주자들은 신자유주의 담론은 거부하지만 이 비판의 대열에는 기꺼이 합류한다. 이들은 그저 성과와 경쟁력 대신에 통합, 감성, 학교 성적의 폐지를 요구할 뿐이다. 하지만 사람들은 오늘날 드러난 교육제도의 문제가 훔볼트의 교육 이상(理想) 때문이 아니라 1960년대에 빠르게 진행된 교육개혁 때문이라는 사실을 점차 깨닫기 시작했다.

이 상황은 모순적이다. 한편에서는 시대착오적인 교육개혁가들이 『아동의 세기(Jahrhundert des Kindes)』*에서 일부를 수용하는가 하면, 다른 한편에서는 현대적인 교육개혁가들이 '직무 능력'을 화두 삼아 청소년들을 노동 과정에 편입시키려고 애쓰고 있다. 한쪽에서는 여전히 사회적인 학습, 성취동기, 목표가 뚜렷한 남녀공학 제도, 여학생들을 위한 과목별 성별 구분 등을 주장하는가 하면, 다른 쪽에서는 자신들의 교육적 입지를 명확히 하려는 의도에서 성별 구분 없이 전 분야에 걸친 엄격한 성적 평가를 옹호한다. 한쪽에서는 상호 연대와 갈등이 없는 목가적인 통합 공간으로서의 학교를 꿈꾸는가 하면, 다른 쪽에서는 경쟁, 테스트, 국제 순위, 평가, 질적 수준을 유지하기 위해 필요한 조치

* 스웨덴의 교육개혁가 엘렌 케이(Ellen Key, 1849~1926)의 교육철학이 담긴 저서이다. — 옮긴이

와 효율성 중심의 교과과정을 끝없이 요구한다. 한쪽에서는 여전히 '장려(Fördern)'에 대해 말하지만, 다른 쪽에서는 이미 오래전부터 다시 '요구(Fordern)'가 화두로 떠올랐다. 이 모든 것을 다 얻을 수 없다는 것은 자명하다. 작금의 교육 논쟁에는 대대적인 자기 기만의 특징이 있다. 거의 모든 교육개혁가들은 한결같이 전통적인 교양 이념에 적대감을 보이고 있다. 전통적인 교양 이념에 따르면 인간은 목적으로부터 자유롭고 서로 연관성을 지니며 위대한 문화 전통을 지향하는 내용의 지식을 갖춰야 한다. 이 지식은 개인의 인성 형성에 영향을 미칠 뿐 아니라 시류의 강요로부터 자유롭게 해준다. 그런데 교육개혁가들은 이러한 교양 이념을 노골적으로 혐오한다. 교양을 갖춘 사람은 아무 마찰을 빚지 않는 유연성과 활동성이 뛰어나며 팀워크 능력이 출중한 인재와는 전혀 다르다. 그러나 많은 사람이 이런 유형의 역량을 교육의 산물이라고 생각하는 것 같다.

그래서 우리 시대의 최첨단을 달리고 있다고 믿는 사람은 개인과 개인의 잠재력 계발을 지향하는 교양(Bildung) 대신 지식 경영(Wissenmanagement)이라는 말을 쓴다. 여기서는 교양 대신 원자재처럼 생산, 거래, 구매, 관리, 폐기 처리가 되는 지식만이 중요할 뿐이다. 새로운 지식 엘리트들을 위한 특별 프로그램을 제외하고 중요하게 여기는 것이 또 있는데 사람들을 노동 과정에 적합하게 만들고 오락산업에나 어울리는 정서를 갖게 하는 부질없는 '단편 지식(Stückwerkwissen)'이 바로 그것이다. 따라서 발전된 과학적 인식과 일반적인 교양 수준 사이의 거리는 좁혀지는 것이 아니라 오히려 더 벌어지는 것 같다.

일정한 간격으로 공표되는 교육의 위기 맞은편에는 엄청난 교육의 기만(Bildungslüge)이 있다. 이 거짓은 거창한 말로 교육의 진정한 가능성과 목적을 간과하도록 속인다. 지식은 급속하게 증가하는 미래의 자원으로 판매된다. '지식의 폭발(Wissensexplosion)'이라는 어리석기 짝이 없는 메타포가 이를 입증하고 있다. 반면 보편적인 지식은 숨 막힐 정도로 빠르게 사라지고 있다. 아주 간단한 역사나 문화에 관한 문제에 대해 이른바 정치 엘리트들이 보이는 교양의 결핍은 경탄할 만하다. 더욱이 견해 수준에 불과한 저널리즘이 승리를 구가하는 것을 보면 이는 무엇인가를 진정으로 아는 사람이 이젠 없다는 사실의 이면을 보여주고 있다. 컴퓨터에 데이터를 저장할 수 있다는 믿음은 사유를 대체하고 데이터 망에 정보가 항상 존재한다는 사실은 지식의 민주화를 암시한다. 하지만 우리는 여기서 전반적인 하향 평준화를 확인할 뿐이다. 프리드리히 니체(Friedrich Nietzsche)는 "모든 사람이 아는 것은 모든 사람에게서 잊힌다"라고 역설했다. 이에 덧붙여 그는 "밤이 없다면 빛을 누가 알겠는가?"[1]라고 말했다. 지식이 권력이라면, 어쩌면 모든 사람이 있는 곳에서는 지식을 발견할 수 없을 것이다. 지식이 그곳에 있다면 그것은 더는 권력이 아닐 것이다.

이른바 지식사회와 정보사회에서는 '교육' 그 자체가 불분명한 개념이 되었다. 여기에서 이 개념은 상이한 지식과 직무 관련 자격의 습득 및 전달뿐 아니라 이와 관련된 제도와 절차도 지칭한다. 이것은 '교육'의 원래 의미와는 무관하다. 우연히 그렇게 된 것은 아니다. 실제로 지난 수년간 교육 분야에서는 괄목할 만한 패러다임의 변화가 일어났다.

고대 그리스의 이상과 휴머니즘 사상을 지향했던 교육은 일차적으로 인간의 자기 형성 프로그램이었으며 신체, 정신, 영혼, 재주, 재능을 형성하고 발전시키는 것으로 여겨왔다. 이를 통해 개인은 공동체와 그 문화 속에서 성숙한 개성과 자의식을 가진 구성원이 될 수 있었다. 동시에 교양은 야만에서 문명으로, 미성숙에서 자율성으로 이끄는 유일한 가능성이었다. 이러한 교육의 기준과 표현은 우연의 법칙이나, 시대에 맞는 활용 가치의 요구에 순응하지 않는 모범적인 내용을 연구하는 것이다. 헤겔이 모델로 제시했듯이, 고대 언어의 의미, 문학 정전(Kanon), 철학적·미적·문화적·종교적인 전승(傳承)에 관한 지식은 '정신(Geist)'의 개념을 지향한다. 헤겔 철학에서 예술, 종교, 학문은 '정신의 객관화'로 설명된다. 여기에는 우연적이고 주관적인 것을 벗어나 구속력 있는 진리에 대한 요구와 모든 교육 과정의 핵심이 표현되어 있다. 교육은 이렇게 늘 개인의 발전 가능성과 보편에 대한 요구 내지는 객관적인 정신 사이에서 중재자 역할을 한다.

모든 교육개혁가들이 공적(公敵)으로 여기는 빌헬름 폰 훔볼트는 교육을 "우리 존재의 마지막 과제"라고 보았다. 『인간교육론』에서 훔볼트는 교육에 관해 이렇게 의미심장한 정의를 내리고 있다.

(교육은) 살아서나 죽어서나 우리가 남기게 될 왕성한 활동의 흔적을 통해 우리 안에 내재된 인간성(Menschheit) 개념*이 가능한 한 위대한 내

---

* '인간의 도리', '인간애', '휴머니즘' 등의 의미가 있는 말로서 훔볼트가 인문 교양 교육의 이상으로 주창한 개념이다. ― 옮긴이

용을 갖게 하는 것이며, 또한 교육 이념으로서 우리의 자아와 세계가 결합해 최대한 보편적이고 활발하고 자유롭게 상호작용하는 것을 뜻한다.[2]

이 개념의 목표는 훔볼트가 인간이 추구해야 한다고 믿었던 것을 토대로 교육 프로그램을 완성하는 일이다. '궁극적인 목적의 관점에서 보면' 인식하는 인간의 사유는 항상 '자기 자신을 이해하려는 인간 정신의 노력'이며 인간의 행동은 '자기 안에서 자유롭고 독립적인 존재가 되려는' 의지의 노력이다. 또한 인간의 '활동성(Geschäftigkeit)'은 자기 안에 나태하게 침잠하지 않으려는 노력으로 나타난다. 인간은 적극적으로 활동하는 존재이다. 모든 행동과 사유에는 대상이 있기 때문에 인간은 '가능한 한 많이 세계를 파악하고, 할 수 있는 한 자신과 하나가 되려고' 노력한다.[3]

우리는 훔볼트의 이 문장을 다시 생각해볼 필요가 있다. 여기에 명시된 훔볼트의 핵심적인 교육 이념은 세계와 거리를 두는 것이 아니라 정반대로 세계를 인식하고 습득하며 자연을 지배하는 것이기 때문이다. 과학적으로 세계를 설명하고 자연을 지배하려는 근대의 노력은 바로 여기서 자신의 위치와 활동의 근거를 찾을 수 있다. 그러나 이것은 최종 목표가 아니라 교양을 통해 도달하려는 궁극적인 목적을 위해 필요한 수단이다. 즉, 자기 인식과 자유를 위한 수단인 것이다. 모든 지식은 이 규정을 통해 의미를 획득하게 된다. 인간의 정신은 자신을 더 잘 이해하고, 모든 학문과 기술은 인간의 행동을 더욱 자유롭게 해야 한다.

그러나 이 개념이 지식사회에서 크게 퇴색됐다는 것은 의심의 여지가 없다. 뇌 연구의 성과에 대한 열광은 자기 인식의 강령을 무색하게 만들었다. 인간의 선택과 행동 가능성을 높이지 못하는 기술 혁신은 적어도 이데올로기로서 정당성을 갖기 어렵다. 귄터 안더스는 자유와 자기 인식의 이름으로 현대 기술에 이의를 제기했다. 왜냐하면 발전된 기술의 응용과 변환은 원래 의도를 정반대 방향으로 전도시키고 매체와 수단은 모든 것을 지배하는 목적이 되었기 때문이다. 안더스는 자유와 인식이라는 미명 아래 진정한 자유와 인식을 조롱하고 무력화하는 수많은 제도에 대항해 교양 이념을 구제하려 했지만 그 노력은 수포로 돌아갔다.[4]

1793년 훔볼트는 보편과 특수, 개인과 공동체가 교양 안에서 하나가 된다고 보았다. 또한 그는 교양을 통해 인간성을 획득하고 장려하게 되면 주체의 전인적(全人的) 형성과 발전이 가능하다고 생각했다. 이러한 교양 이념이 낳은 성과가 인문주의 김나지움(Humanistische Gymnasium)과 훔볼트식의 이상을 좇는 대학이다. 그러나 오늘날 교육의 이 두 가지 결실은 처음 생긴 이래 최대 위기에 빠져 있다. 인문 교양은 보편적이건 부분적이건 휴머니즘, 인간성, 인간 존엄의 이념을 따르는 것을 목표로 하지는 않는다. 이 이념들은 신인문주의의 관점에서 볼 때 고대 언어, 특히 고대 그리스어 및 고대 문화 연구와 깊은 관계가 있다.

적어도 교육 이론가이자 개혁가였던 훔볼트는 이 프로그램을 자신의 구상과 동일시했다. 이러한 태도는 고대를 모범 삼아 맹목적으로 이상화하고 숭배한 것에서 나온 것이 아니며 충분한 근거를 갖추고 있다. 이에 대한 해명을 그의 주요 논문 「고대의 연구, 특히 그리스 문화를 중심으로(Über das Studium des Altertums, und des griechischen insbesondere)」(1793)에서 확인할 수 있다.

그리스인들의 성격을 잘 나타내는 특징이 있다. …… 초기 문화에는 감성과 상상력이 놀라울 정도로 풍부하게 형성되어 있고 후기 문화에는 어린아이의 단순함과 소박함이 온전하게 보전되어 있다. 그러므로 인류의 근본적인 특성은 전례 없이 그리스 문화의 특성 전반에 매우 정교하게 나타난다. …… 이 특성에 관한 연구는 시대와 상황에 관계없이 인간의 교양에 유익하고 보편적인 영향을 미치는데 그것이 마치 인간의 특성에 근간이 되는 것 같기 때문이다. 수많은 어려움에 직면한 우리는 인간보다 사물에, 개인보다 집단에, 내적인 아름다움과 향유보다 외적인 가치와 유용함에 더 관심을 기울인다. 그리고 고도로 발전한 다양한 문화는 본래의 순박함을 거의 상실했다. 이 모든 관계가 정반대였던 민족들을 오늘날 다시 살펴보는 것은 치유의 효과가 분명히 있다.[5]

훔볼트는 자신이 중요하게 여기는 생각을 분명하게 강조했다. 그것은 그리스 문화가 교육 이론적으로 장점이 있다는 점이다. 왜냐하면 이 문화는 인간성의 모범이 될 수 있고, 내적인 아름다움과 미적인 즐거움에 집중함으로써 경제적인 효율성만을 좇는 근대의 사유를 비판적으로 조명할 수 있기 때문이다. 여기서 휴머니즘의 이중적인 의미가 뚜렷하게 드러난다. 인문 교양은 인간 존재가 구현된 복잡한 형식과 형상에 관한 지식을 중시한다. 그러나 이 다양한 지식을 경험적으로, 역사적으로 모두 완전하게 섭렵할 수 없기 때문에 훔볼트는 거의 현대적이라고 할 만한 '사례 학습(das exemplarische Lernen)'의 방법을 제시했다.

사례 학습은 어떤 것이 실제로 본보기가 될 만하고 지극히 전형적인 형태로 나타날 때에 가능하다. 다양성과 잠재성을 가진 인간의 의미를 그리스 문화를 통해 가장 잘 연구할 수 있다는 것이 신인문주의의 근본 테제였다. 그리스 문화는 처음으로 인간을 '개인(Individuum)'으로 이해했고 인간을 모든 미적, 정치적, 도덕적인 노력의 중심에 두었다. 인간이 외부 권력에 예속된 문화에서 (그것이 종교에 의해서건, 근대의 정치적, 경제적인 요구에 의해서건 간에) 인간에 대한 이해가 모두 외부로부터 규정된다. 훔볼트는 고대 그리스 문화가 그런 문화와는 다르게 인간에 대한 이해를 구현했다고 보았다. 그는 그리스 문화의 실례를 통해 인간의 성격, 인간의 가능성과 한계, 무엇보다 인간의 개인성과 고유성에 대해 통찰했다. 왜냐하면 이 문화에서 인간이 처음으로 자기 목적(Selbstzweck)으로서, 그리고 자율적인 주체(autonomes Subjekt)로서 문화적, 정신적인 논의의 지평에 등장했기 때문이다.

이러한 관점에서 보면 교양은 자기 자신과 세계에 대한 정신적 활동을 통해 인간이 성숙되어가는(Menschenwerdung) 프로그램이라고 할 수 있다. 교양은 또한 자신과 세계에 관한 지식을 모범적으로 획득하는 것이며 이 지식에 대한 의미 있는 논의이기도 하다. 교양 이념은 학문 이념과 불가분의 관계에 있다. 학문은 인식하기 위해 세계를 정신적으로 통찰하는 것이기 때문이다. 헤겔 철학에서는 교양, 성찰, 과학적 지식, 인식 같은 개념이 서로 연관 관계에 있을 때 비로소 의미가 생긴다. 우리는 『정신현상학(Phänomenologie des Geistes)』을 교양의 진행 과정으로 읽을 수 있다. 여기서는 개인의 의식뿐만 아니라 종(種)으로서 인간의 의식이 역사적으로 어떻게 발전해왔는지를 기술하고 성찰하며 교양 본연의 과정을 보여준다. 교양은 정신 밖에 있는 피상적인 것이 아니라 정신이 자신을 실현할 수 있는 매체이다. 정신은 형성되는 것이며 형성되는 것만이 정신이라고 불릴 수 있다. 이러한 관점에서 보면 의기양양하게 부상한 근대의 학문과 문화 개념에서 정신 개념이 사라지게 된 것은 교양을 포기하려는 분명한 의지라고 해석할 수 있다.

인문 교양 개념에 이의를 제기하는 것은 구체적인 실현이 어렵고 도달할 수 없는 이상이기 때문이 아니다. 헤겔의 말을 빌려 표현하면 그것은 현실에서 더욱더 어렵다. 니체는 젊은 나이에 이미 인문 교양의 요구가 실현될 수 없음을 확증했다. 그는 1872년 바젤대학의 고전어 교수로 임용됐을 때의 공개 강연인 「교육기관의 미래에 대하여(Über die Zukunft unserer Bildungsanstalten)」에서 이를 역설했다. 니체는 인문주의 학교가 도도한 척하지만 이에 비해 그것이 처한 현실은 참담하다고 말하면서 이 두 가지 상황 사이에는 엄청나게 큰 차이가 있다고 주장했다.

중·고등학교(Höhere Schule)는 교육 목표에 맞게 교양을, 심지어 고전적인 교양을 전달하려고 하지만 니체의 눈에 비친 현실은 전혀 달랐다. "김나지움은 본래의 교양이 아닌 학식을 위한 교육을 실시했다. 최근에는 새로운 전환점을 맞아 더는 학식(學識)이 아닌 저널리즘을 위한 교육을 하고 있다."[6] 니체의 우려는 이미 오래전에 현실이 되었다. 어느덧 김나지움은 저널리즘을 위해 교육하는 것이 아니라 저널리즘의 도움을 받아 교육하고 있다. 사람들은 그것을 '미디어 활용 수업'이라고 일컫는다.

니체의 격언은 고발이 아니라 확인된 결과이다. 솔직히 말해 훔볼트식 김나지움은 자신의 목표를 상실했다. 그 목표에 도달할 수 없기 때문이다. "진정한 '고전 교양'은 상당히 어렵고 희귀한 것이라서 매우 특별한 재능을 요구한다. 고전 교양을 김나지움의 교육 목표로 삼겠다고 호언한다면 그것은 순진함과 파렴치함이 빚어낸 결과라 하지 않을 수 없다."[7] 보편 교육에 관해서도 비슷하게 말할 수 있을 것이다. 보편 교육이 요구하는 것은 늘 순진함과 파렴치함이 뒤섞여 있는 것이 특징이다. "교육은 개인화와 관계된 것이지 일반화할 수 있는 것이 아니다"라는 니체의 주장은 우리를 당혹스럽게 만든다. 그럼에도 교육을 일반화한다면 피할 수 없는 결과가 초래된다. 즉, "가장 보편적인 교육은 곧 야만이다"[8]라고 한 니체만큼 보편 교육의 이념을 비판한 사람도 없을 것이다. 개인과 그의 발전이 중요하다면 교육 이념은 일반화할 수 없다. 이것이 실제로 보편적인 교육으로 구현되면 이 이념은 개인과 그의 가능성에 대해 그저 진부한 것이 되고 만다. 고등 교육기관치고 이러한 모순에서 자유로운 곳은 없다.

이것은 향후 직업뿐만 아니라 다소 틀에 박힌 행동과 노동의 과정을 준비하고 사회적인 능력, 커뮤니케이션 능력을 가르치는 직업교육 기관이 있을 수 없으며 있어서도 안 된다는 뜻이 아니다. 니체는 그것을 이미 알고 있었다. "오직 두 가지 상반된 성격의 교육기관을 알고 있다. 즉 진정한 교육기관과 삶의 어려움을 해결하기 위한 기관이다. 현존하는 교육기관은 모두 두 번째 유형에 속한다. 내가 말하려는 것은 첫 번째 유형이다."[9] 오늘날 학교는 니체의 비판보다 훨씬 더 부정적인 의미에서 삶의 어려움을 해결하기 위한 교육기관으로 전락했다. '삶의 어려움'이라는 문제 때문에 학교는 학교에 부과된 모든 것을 과제로 삼지 않을 수 없게 되었다. 즉, 가족 해체의 대안, 정서적인 소통의 마지막 보루, 마약과 에이즈 예방을 위한 기관, 응급 치유의 공간, 성 계몽과 그 밖의 계몽 교육을 위한 공간이 되었다. 이 외에도 학교는 환경오염에서부터 전쟁까지, 이민자 통합에서부터 문화 투쟁까지, 제3세계의 빈곤에서부터 유럽의 경쟁 이데올로기까지 성인들의 문제를 해결하고 논의하는 공간이기도 하다. 학교는 성장 지향적인 경제와 빠른 기술 발전에 무방비로 노출되어 있고 늘 새로운 테크놀로지 성과를 감당하지 못하고 뒤처져 있으며, 모든 사람을 위한 인지(認知) 수준의 지식(kognitives Wissen)을 전달하면서도 선별의 강요 없이 선별해야 하는 역설적인 요구 때문에 그야말로 풍비박산이 났다. 여기서 우리는 니체의 말을 진지하게 생각해 볼 필요가 있다. "어려움을 강요하는 것이 전부 미덕은 아니다."

니체에게 교육의 공간은 삶의 어려움을 해결하는 곳과는 '정반대'의 장소이다. 이곳에서는 가르치고 배우는 사람들이 유용성, 직무 연관성, 삶과의 긴밀한 관계, 시의성의 강요로부터 자유롭기 때문에 그 공간은 삶의 곤궁과 필요성으로 점철되지 않은 자유의 공간이다. 한마디로 여유로움의 공간이다. 이로써 니체는 '학교'의 원래 의미를 복원했다. 학교를 뜻하는 독일어 Schule는 라틴어 schola, 그리스어 scholé에서 유래한 말이며 원래는 '일하는 것을 중단한다'라는 의미가 있다. 언어에 담긴 지혜는 종종 언어를 상실한 우리 문화가 생각하는 것보다 훨씬 더 심오하다. 여유, 집중, 명상의 공간이기를 포기한 학교는 학교가 아니다. 학교는 삶의 어려움을 해결하기 위한 장소로 전락했다. 그런 곳에서는 프로젝트와 실습, 경험과 네트워크, 견학과 학습 여행만이 지배한다. 사유하기 위한 시간은 존재하지 않는다.

니체에 따르면 명상적인 교육기관이 중시하는 것은 학습 내용이 아니라 두 가지 '능력', 즉 '말하기(Sprechen)'와 '사유(Denken)'이다. 이런 점에서 니체는 상당히 현대적인 인물이다. 니체는 당시 이른바 교육기관이라는 곳의 결함이 여기에 있다고 보았다.

요컨대 김나지움은 진정한 교양의 시작을 의미하는, 가장 우선적이고 가장 가까운 대상을 간과하고 있다. 그것은 다름 아닌 모국어이다. 김나지움은 계속 교육받기 위해 필요한 자연스럽고 유익한 토대를 결여하고 있다.[10]

니체가 말하는 언어 능력은 미숙한 주체가 제한된 코드를 갖고 일상의 문제를 표현하는 것과는 무관하다. 이 능력은 문체, 수사학(修辭學), 시문학 외에 고전문학의 기준, 그리고 그것을 따르는 것과 관계가 있다. 이 모든 것은 다음과 같은 의식과 연관되어 있다. 즉, 공동체나 역사의 개체들은 언어 속에서, 언어를 통해 자기 내면뿐만 아니라 외부 대상과 연결된다는 의식이 바로 그것이다. 언어가 타락한 곳에서는 이러한 관계들도 몰락한다. 그러므로 니체는 카를 크라우스(Karl Kraus)보다 훨씬 일찍 당시의 김나지움을 향해 외쳤다.

그대들의 언어를 진지하게 생각하라! …… 이에 따라 그대들이 예술을 얼마나 높게 또는 얼마나 가소롭게 평가하는지, 그대들이 예술과 얼마나 친근한지 드러나게 될 것이다. 바로 여기 우리의 모국어를 다루는 태도에서

알 수 있다. 그대들이 저널리즘으로 익숙해진 말과 관용어에 대해 신체적

인 역거움을 느끼지 않는다면 교육받으려고 노력하지 마라.[11]

저널리즘의 언어에 대해 느끼는 신체적인 역거움이란 고급 잡지를

볼 때 불가피하게 느끼는 구토증만은 아니다. 이 자극은 이른바 수준 높

은 신문을 읽을 때도 종종 일어난다. 이 밖에 니체가 언어를 진지하게

생각한다는 의미는 통사론적으로 세분된 문장과 의미론적으로 다양한

표현 속에서 언어를 구사하는 것이며 언어의 역사에 경의를 표하고 역

사적으로 형성된 언어의 구조에 주의를 기울이는 것을 의미한다. 이 구

조는 특정 문화의 발전을 충실하게 반영하는 형상이며 그 문화의 부침

(浮沈)을 온전히 담고 있다. 이것은 언어를 특정 발전 단계에 고정시키는

것이 아니며 당연히 그럴 수도 없다. 그 자신이 언어의 뛰어난 창조자였

던 니체는 그런 것을 전혀 염두에 두지 않았다. 이는 어떤 모더니즘이나

시대정신을 따르는 개혁적인 태도가 아무리 진보적이고 글로벌화된 것

이라 하더라도, 이를 위해 언어의 표현력과 세분화 가능성을 희생시킬

수 없다는 뜻이기도 하다.

그러면 '사유'는 어떠한가? 니체는 자신의 저서 『인간적인, 너무나 인

간적인(Menschliches, Allzumenschliches)』에서 다음과 같이 간명하게 일

침을 가하고 있다.

학교에서 가르쳐야 하는 것 중에서 엄격한 사유, 신중한 판단, 논리적인

추론보다 더 중요한 것은 없다. 그러므로 이를 위해 도움이 안 되는 것은

모두 도외시해야 한다. 예컨대 종교가 그렇다. 종교는 매우 엄격한 인간의 사유가 인간적인 불확실, 습관, 욕망으로 다시 느슨해지게 될 것이라고 믿는다.[12]

　종교에 대한 니체의 정당한 공격은 차치하더라도 신앙으로서의 종교는 사유의 대상이 아니다. 그러므로 학교에서 거대한 종교 체계를 소개하는 종교학 입문 교육은 할 수 있지만 신앙과 연결된 종교 수업을 해서는 안 된다. 이러한 니체의 생각에는 오늘날 스스로 인간을 사랑한다는 수많은 사람이 모르는 인간 이해가 담겨 있다. 오직 여유와 근심 걱정 없는 유희 속에서만 번성할 수 있는 사유의 정확성은 일상적인 삶 속에서 다시 무뎌지기 마련이다. 그러므로 학교에서 이러한 양식(糧食)을 기르는 훈련을 해야 한다.

　그러나 오늘날 사람들은 이러한 상황에서 정반대의 결론을 도출하곤 한다. 실습과 연계되지 않고 이를 통해 연마되지 않는 것은 배울 필요가 없다는 것이다. 그래서 여러 유형의 사유를 경험하고 익힐 수는 있지만 현실적인 직무와 직접 관련이 없는 학문 분야는 혐오의 대상이다. 예컨대 고전어, 철학, 수학, 고전문학, 예술, 음악 등이 그런 분야이다. 경쟁 사회의 고단한 삶에서 이 교과들의 유용성을 제시하고 그 정당성을 지키려고 노력하지만 그저 난감할 뿐이다.

　교육기관에 대한 니체의 비판에는 정치적인 요소도 담겨 있다. 그가 겨냥한 비판의 대상은 이 교육기관을 지탱하는 '교양 시민 계층'이다. 이들은 적어도 이론적으로는 독일 이상주의 철학과 교육학에 의지해 결핍된 경제적 소유권과 미미한 정치권력을 자신들만이 갖고 사용할 수 있는 교양 자산으로 보상하려고 했다. 바로 이들이 한때 고전 교양의 이념을 어렵사리 구현한 사회 계층이다. 특히 19세기 독일 영방(領邦)국가들과 합스부르크 제국에 확립된 국가 관료제도는 중요한 의미가 있다. 시민계급의 전형이 고위 관료들을 모델로 삼아 형성됐기 때문이다. 한편 또 다른 유형의 시민계급은 근대 학문의 승리가 낳은 대학 교수를 모델 삼아 등장했다.

교양 시민계급은 교양을 경제적인 성공을 위한 전제 조건이라기보다는 습득하면 그에 상응하는 사회적, 물질적 보상이 따르는 가치, 그 자체로 간주했다. 시민 계급적, 인문주의적인 교양 개념의 핵심은 문학, 예술, 음악, 철학의 모범적인 작품으로 구성된 정전이며 모범 양식의 귀감이 되는 고대 그리스 고전 작품을 지향했다.[13] 이러한 예술관은 민족문학의 구성과 시민계급의 예술품 수집, 국립극장 건립, 오페라하우스와 콘서트홀의 수용 및 신축, 그리고 종합적으로 박물관에서 잘 엿볼 수 있다. 무엇보다 박물관은 건축학이나 사회적인 측면에서 볼 때 고상한 시민계급의 핵심적인 생활양식의 상징이 되었으며 그들의 정체성을 규정하는 본질적인 특징이 되었다.

실제로 교양 시민계급은 한편으로는 이 문화가 특정 계층에 국한되기를 바라면서도 다른 한편으로는 국가 전체의 규범과 기준이 되기를 요구했다. 이것은 고전 예술 작품이 전승되는 데 도움이 된 교양 개념을 확산시켰다. 이 전통이 없었다면 미적인 모더니즘도 발전하지 못했을 것이다. 한편 이러한 현상은 니체도 조롱한 바와 같이 다른 세계에 우월

의식을 가진 교양 시민들이 희화화(戲畵化)되는 결과를 낳았다. 그 이유는 이들 교양 시민이 때만 되면 고전 작품의 의미를 왜곡하며 마구 사용하는 인용(引用)의 보고(寶庫)로 여겨졌기 때문이다. 경제력이 막강한 부르주아지와 무역 및 상인 계층의 대표자들은 실제로 이러한 교양의 이상을 인정하지 않았으며, 자녀들을 상업학교나 기술학교에 진학시켰다. 그 결과 독자적인 계층을 형성할 수밖에 없었던 교양 시민은 자신들의 경제적인 열세를 만회하기 위해 정신적인 엘리트 교육을 아주 기형적으로 만들었다.

교양 시민계급은 잠시나마 독자적인 신분 계급으로 자리매김했고 시민사회에 어느 정도나마 구속력 있는 문화를 제공했다. 그리고 이 문화는 추구할 가치가 있는 교양의 척도가 되었다. 그러나 시간이 흐르면서 교양 시민계급은 역사의 무대에서 사라졌다. 이 해체 과정에서 인문주의 김나지움과 훔볼트식 대학의 해체, 정부 기구의 축소에 따른 관료 신분제의 철폐, 교수 계층의 탈(脫)관료화 현상이 나타났다. 시민계급이 몰락하는 과정에서 발생한 교육정책과 신분 체계의 변화상이다. 문화 활동의 모범과 기준 역할을 담당했던 시민 문화의 무력화는 이 의미 상실의 미학적이고 규범적인 차원을 여실히 보여주고 있다.

시민계급의 정전은 소멸됐고 이를 대신해서 각자 자신의 정당성을 주장하는 모든 미학적인 표현이 병존하게 됐으며 문화는 라이프스타일로 변형되었다. 이로써 시민계급이 주도하던 문화는 글로벌 이벤트 문화의 지엽적인 부분으로 전락했으며 남아 있는 시민계급의 생활양식에는 그 이상의 어떤 내용이나 형식도 부여하지 못했다. 과거에는 예술에

조예가 깊은 관료들이 정부 보조금을 타 내려는 아방가르드 예술가들과 함께 하이미토 폰 도데러(Heimito von Doderer)*나 프란츠 카프카(Franz Kafka)에 관해 박식한 논쟁을 벌였다. 그러나 이제는 그 대신, 그러한 작가들의 이름이 광고 전략에 맞는지 안 맞는지를 따지는 이벤트 매니저가 등장했다. 오페라에 문외한인 데다가 악장과 악장 사이 쉬는 부분을 모르는 사람이 잘츠부르크 음악 축제에서 베르디(Giuseppe Verdi)의 〈라 트라비아타(La Traviata)〉 제1막에 나오는 비올레타 아리아가 끝나자 느닷없이 박수를 치는 장면을 상상해보자. 이를 목도한 시민계급 문화의 마지막 세대는 정신이 쇠퇴한 나머지 마침내 미디어에 심취한 '연예가 정보' 애청자의 요깃거리로 전락했다고 생각할 것이다.

교양 시민계층의 이상과 규범이 현대의 미디어 사회와 충돌하면 '어설픈 교양'이 나타난다. 이것은 아도르노가 제2차 세계대전 전후(戰後)의 열악한 교육 상황을 분석하며 제시한 개념이다. 문화산업의 제반 조건 아래 교양은 사회화된 어설픈 교양이 되는데 이것은 '소외된 정신'이 도처에 만연하는 현상이다.[14] 어쩌면 인문 교양의 오래된 이상은 이 단계에서 수사학적인 표현을 통해 소환될 수 있다. 그러나 실제로 그 이상은 현실 속에서 교양이 사물화됨에 따라 뒷전으로 밀려나 버렸다. 적어도 이론상으로 교양은 정신이 자신 및 세계와 벌이는 활기찬 논쟁이라고 할 수 있다. 그런데 지금의 교양은 습득하고 소비할 수는 있지만 결코 자신의 것으로는 취득할 수 없는 잡동사니 문화 상품으로 전락하고

* 자연주의의 전통에 충실한 오스트리아의 소설가로서 주로 제1차 세계대전 전후 빈의 사회상을 묘사했다. - 옮긴이

말았다. "어설픈 교양의 풍토에서는 교양 속에 담긴 진리의 내용뿐만 아니라 교양과 살아 있는 주체 간의 생생한 관계는 희생되고 상품처럼 물화된 교양의 즉물적인 내용(Sachgehalt)만 남게 된다."[15]

아도르노는 교양 정전을 무조건 외우게 하는 김나지움에서 이 문화가 비롯되었다고 생각했지만 적어도 여기서는 그것이나마 배울 수 있었다. 맥락이나 연관성을 전혀 이해하지 못한 채 정전을 몇몇 중심 개념으로 축소하고 교수법에 맞게 정리해 습득하는 것을 아도르노는 어설픈 교양의 단면이라고 주장했다. "어설프게 이해하고 어설프게 경험하는 것은 교육의 전(前) 단계가 아니라 교육과 불구대천의 관계에 있는 원수이다."[16] 어설픈 교양은 그러한 몰이해로 남게 된다. 왜냐하면 몰이해는 교양의 전통적인 범주를 고수하면서 자신이 더 이상 이해하지 못하는 것에 대해 위엄 있게 명령하기 때문이다. 거기에는 교양의 요소가 아직 남아 있지만, 완전히 의식 밖에 존재하는 피상적인 것이 되어버렸다. 뭔가를 제대로 이해하지 못하면 오히려 이해했다고 고집스럽게 주장하기 마련이다. "그러므로 어설픈 교양은 민감하고 무례하다. 다방면에 조예가 있다는 것은 항상 더 아는 체하려는 것과 동일하다."[17]

아도르노가 진단했듯이 우리는 어설픈 교양의 흔적을 도처에서 발견할 수 있다. 1960년대에 단행한 교육개혁을 통해 사회화된 사람은 어설픈 교양에서 벗어나지 못하고 그것과 함께 성장했다. 그 개념을 구체적으로 언급한 적은 없지만 당시 교육정책의 근간은 진영을 막론하고 어설픈 교양 이념에 봉사했다. 교양이 김나지움처럼 여전히 규범적인 관념으로 남아 있긴 했지만 교양 그 자체는 점차 시야에서 사라졌다. 민주화에 필수적인 동력이며 개방적인 교육제도라고 선전한 조치들은 어설 픈 교양의 제도화라는 대가를 지불해야 했다.

일반적으로 교수법이라고 일컫는 것들은 단순한 원칙을 따른다. 이 원칙은 고전 교양의 내용을 자극, 소개, 제안, 사건이 혼합된 잡동사니 로 만드는 것이다. 하지만 이것은 피상적이며 청소년들의 허위 욕구에 맞게 적당히 매력적으로 만든 것이다. 이것은 괴테의 『젊은 베르테르 의 슬픔(Die Leiden des jungen Werthers)』 대신 울리히 플렌츠도르프 (Ulrich Plenzdorf)의 『젊은 베르테르의 새로운 슬픔(Neue Leiden des jungen Werthers)』을 읽는 것에서 시작해 역사 수업 대신 스티븐 스필버 그(Steven Spielberg)의 〈쉰들러 리스트(Schindler's List)〉를 관람하는 것으 로 끝난다. 이 모든 전략은 결국 교양을 유행에 맞게 만들고 미디어화 함으로써 교양을 타락시키는 결과를 초래하지만 그런 식으로라도 교양 의 일부를 구제하려는 모티브가 들어 있다.

'몰교양'은 모든 점에서 교양 이념의 규범적이고 규정적인 역할이 중 단된 것을 의미한다. 한마디로 그 역할이 실종된 것이다. 아도르노에 따 르면, 소외된 정신은 상품으로 타락한 교양의 장식품 속에서 여전히 떠돌 고 있지만 이제는 환호받는 우매함으로 전도되고 말았다. 1980년대 사람 들은 수많은 위트와 노력을 동원해 정신과학으로부터 정신을 추방하고 문화학 연구로 이름을 바꾸거나 변형할 것을 선동했다. 이러한 움직임은 단순히 유행이나 인식의 진보를 좇는 것이 아니었다. 훔볼트와 헤겔 이 후 교양의 주체이며 객체였던 정신과 결별하려는 강령을 노골적으로 드 러낸 것이다. 정신을 배제하고서는, 즉 경험 세계의 두꺼운 벽을 뚫고 들어가 통찰하고 성찰하며 스스로를 돌아보는 개념을 정립하지 않고서는 교양에 관해 말할 수 없다. 아울러 아도르노가 교양의 마지막 대상이자 진리의 내용이라고 정의한 것을 외면하고서도 교양을 논할 수 없다.

우리가 생각하는 몰교양은 지식의 부재(不在)나 어리석음을 의미하지 않는다. 이러한 현상들을 진단하고 그 위치를 정할 수 있었던 시대, 교양과 무지의 차이, 그리고 도시의 중심과 지방의 차이가 존재하던 시대는 지났다. 우매한 인간은 늘 지식이 부족하고 계몽되지 않으며 자신의 논거를 제대로 제시하지 못한다. 또한 편견에 사로잡혀 있고 상투적인 틀에 얽매여 있기 때문에 이데올로기, 심령술, 종교적 근본주의, 신비주의, 비합리주의에서 벗어나지 못한다. 계몽의 시대처럼 오늘날에도 여전히 이러한 인간의 우매함을 타파하기 위한 영웅적인 투쟁이 벌어지고 있다. 이런 곳에서는 국민 교육적인 계몽 훈련이 어느 정도 감동적으로 느껴진다.[18] 하지만 실제로는 그렇지 않다. 왜냐하면 더 계몽할 것이 없어서가 아니라 계몽의 강령이 더는 정당한 근거를 확보하지 못하기 때문이다. 계몽의 강령이 정당성을 상실한 것은 어떤 식이건 스스로 책임져야 할 미성숙에서 벗어나는 것을 골자로 한 모든 성숙의 이념이 더는 신뢰할 수 없는 교양 개념을 전제로 하기 때문이다.

교양 이념의 포기는 교육 현장에서 가장 극명하게 드러난다. 어쩌면 사람들은 그러한 일이 학교에서 일어날 것이라고는 미처 생각하지 못했을 것이다. 오래전부터 이른바 교육 목표가 능력과 역량(스킬)으로 바뀐 것이 이를 여실히 말해주고 있다. 팀워크 능력, 유연성, 커뮤니케이션 능력을 교육 목표로 천명하는 사람들의 논지는 분명하다. 그것은 한때 교육의 대상이자 행위자였던 인격적인 개성(Individualität)이 사라졌음을 의미한다.

팀워크 같은 능력은 아무런 맥락 없이도 습득, 훈련, 수행이 가능하다는 주장은 (팀워크 능력이 있는 사람은 한편으로는 팀에 속하지 않고서, 그러나 다른 한편으로는 어떤 팀에 속하든지 '능력을 발휘'하는 인재로 인정받는다) 불쾌하게 들릴지 모른다. 하지만 그러한 주장은 차치하고서라도 현재의 교육 정책을 주도하는 메타포는 주체의 자율성, 개인의 주권, 개체의 성숙과 같은 과거의 고전적인 교육 담론에 동기를 부여했던 목표들을 노골적으로 의문시하고 있다. 자신의 머리로 생각하지 않는 것이 오늘날 학교 교육의 은밀한 프로그램이 된 듯하다. 오늘날 지식사회의 요구에 부응하지 못하는 사람은 바로 팀 업무와 네트워크에서 행동할 준비를 갖추지 못한 사람이며, 또한 이런 사람은 인간이 아닌 세계화나 미래의 도전이 요구하는 것에 유연하게 적응하지 못하는 사람이다. 그런데 이는 다양한 특성과 능력, 그 자체를 갖춘 것이 아니라 '정신'과 완전히 동떨어져 있음을 보여줄 뿐이다. 바로 이 거리가 몰교양의 증거이다. 네트워크화(Vernetzung)를 항상 떠벌리는 사람은 그렇게 함으로써 자신이 표명하는 일치를 강요하는 행위에 어떤 의미가 있는지 전혀 생각하지 않는다. 그는 그저 시류를 따르는 사람에 불과하지 어중간한 이성의 요구에조차 전혀 귀를 기울이지 않는 사람이다.

오늘날의 몰교양은 지적 결함, 정보 부족, 인지 능력의 결핍이 아니다. 이해하려는 노력을 포기하는 것이다. 오늘날 지식을 말하는 곳에서는 '이해(Verstehen)'와는 전혀 다른 것을 중요하게 여긴다. 한때 그 자체로 정신과학의 근본 행위였던 이해는 기껏해야 정치적인 상투어 속에서만 타자에 대한 이해, 즉 관용의 의미로 쓰이고 있다. 이 밖에 자연과 인간 지배를 수월하게 하는 기술 발전이나 거기서 논의되는 사태와는 무관한 수치(數値) 작성만을 중요하게 여긴다.

여전히 끈질기게 교양이라고 일컫는 것은 이제 개인의 가능성과 한계를 지향하지도, 문화적인 전통에 담긴 변하지 않는 지식을 지향하지도 않는다. 더욱이 고대 그리스 문화 모델은 관심 밖에 있다. 지향해야 할 목표는 오직 시장, 고용 가능성(employability), 입지 조건, 기술의 발전과 같은 외부 요인이며 이 요인은 '교육받은 사람(Gebildete)'이 도달해야 할 기준이 무엇인지 제시하고 있다. 이러한 관점에서 보면 '보편적인 교양'은 물론, '인성 교육(Persönlichkeitsbildung)'도 포기할 수 있다.

직무 능력, 역량, 지식의 내용이 끊임없이 급변하는 이 세상에서는 '교양의 부재(Bildungslosigkeit)', 즉 구속력 있는 정신적인 전통과 고전적인 교양을 포기하는 것이 오히려 미덕이 된 것 같다. 이 미덕을 갖춘 개개인이야말로 쓸모없는 '교양의 짐'을 내려놓고 급변하는 시장의 요구에 신속하고 유연하게 적응할 수 있다. 들리는 바에 따르면 지식사회에서는 지식도 계속 변하기 때문에 우리가 교양이라고 부르는 19세기 '특유의 현상(Idiosynkrasie)'과는 전혀 다른 지식의 생산 및 습득 전략이 필요하다. 지식사회에서 지식이 무엇인지 정의 내리기 위해서는 우선 전통적인 교육 영역과 거리를 둬야 한다. 지식은 이제 어설픈 교양의 태도조차 따르지 않는다. 지식사회의 지식에서 실현된 것은 자의식을 갖게 된 교양의 부재이다.

04

국제 학업 성취도 평가
랭킹 리스트의 광기

    교육정책의 현주소를 한 문장으로 요약하면 다음과 같다. '랭킹 리스트를 곁눈질하느라 모든 힘을 소진한다.' 이 말은 의도적으로 말싸움하려는 것이 아니며 그에 관한 끔찍한 증거를 제시할 수 있기 때문이다. 지난 몇 년간 주요 교육정책의 결정을 놓고 세간에서 격렬한 토론이 벌어진 것은 순위가 형편없었기 때문이거나 더 나은 순위를 차지하기를 바라는 열망 때문이다. 학교 개혁을 발의하건, 교육 강령을 선전하건, 엘리트 대학과 우수 연구기관을 요구하건 간에 매번 똑같은 근거를 댄다. 랭킹 리스트에서 순위를 끌어올려야 한다는 것이다. 현재 교육정책의 배경에 두드러지게 나타나는 것은 불분명한 교육 개념도, 교육에 관한 사회정책적인 구상도 아니다. 그것은 딱 한 문장으로 수렴될 수 있

다. '우리는 지금 몇 등인가?'

강요의 경제학 이데올로기의 표현인 '현재 위상에 관한 물음'은 교육정책에서 이따금 뜻밖의 희극적인 의미를 추가로 얻는다. 교육의 현재 위상에 관한 물음의 매력은 다양한 랭킹에서 나온다. 이 랭킹에서 예컨대 오스트리아 대학이 늘 상위권에 있었다면, 마리아구깅(Maria Gugging)에 이른바 '엘리트 대학'을 세우겠다는 계획이 지금처럼 급속도로 구체화되지 않았을 것이다. 조제 마누엘 바호주(José Manuel Barroso) EU 집행위원장도 유럽기술연구소(EIT: European Institute of Technology)를 설립할 것을 요구했는데 무엇보다 유럽 대학들이 여러 랭킹에서 뒤처지고 있다는 것이 이유였다. '국제 학업 성취도 평가' 결과에 그토록 흥분하는 것도 국가별 순위에서 오스트리아와 독일이 중·하위권에 머물고 있기 때문이다.

국제 학업 성취도 평가의 사례에서 명백하게 드러난 문제점은 랭킹 리스트가 합리적 사유를 가로막고 있다는 점이다. 'PISA'는 OECD의 국제 학업 성취도 평가를 일컫는 'Programme for International Student Assessment'의 약어(略語)이다. 이 평가는 3년 주기로 15세 학생들의 핵심 학습 능력을 국제적으로 비교해 검증하는 것이다. 제1회 테스트에서는 독일, 제2회 테스트에서는 독일과 오스트리아의 성적이 좋지 않았다. 그 결과, 교육 문제에서 유례없이 집단 우울증에 빠지는 상황이 발생했을 뿐 아니라 다음 평가에서는 더 좋은 성적을 올려야 한다는 분명한 목표와 함께 교육정책의 전면적이고도 대대적인 방향 전환이 추진되었다. '자율성, 자의식, 세계에 대한 정신적인 통찰'을 내세운 계몽주의 교육 목표 대신에 '실생활에 밀착된 교육, 사회적 역량, 배움에 대한 기쁨'을 기치로 내세운 개혁 교육학(Reformpädagogik)의 교육 목표 대신 '유연성, 유동성, 직업 능력'이라는 신자유주의적인 학교 정책가들의 교육 목표 대신에 단 하나의 목표가 등장한 것이다. 그것이 바로 '국제 학업 성취도 평가에서 좋은 성적을 올리는 것'이다. (이것만 보면) 자칭 교육의 중심이라는 곳보다 몰교양을 분명하게 드러내는 곳은 없을 것이다.

국제 학업 성취도 평가에서 놀라운 사실은 물론 평가 결과가 아니다. 오스트리아같이 지극히 평범한 국가가 지극히 평범하게 고안된 테스트에서 중간 정도의 등수에 그쳤다고 해서 그리 놀랄 만한 일도 아니다. 하지만 정말 놀라운 것은 평가 결과에 대한 반응이다. 여기서 받은 충격 때문에 교육이 파국에 처했다는 말이 나왔고, 비상대책위원회가 소집되었다. 아울러 이와 동시에 오스트리아에서 국제 학업 성취도 평가 테스트를 준비한 사람을 위원장으로 하는 미래위원회가 구성되어 몇 년 동안 불었던 개혁의 열풍 이후 모든 것을 원점에서 다시 개혁하려고 했다. 국제 학업 성취도 평가 테스트를 전후로 히스테리가 나라에 휘돌았으며 조급증이 번져나갔다. 물론 그 누구도 이 형편없는 결과에 책임지려 하지 않았고 모든 것을 다른 사람 탓으로 돌렸다. 물론 향상시킬 수 있는 방법은 모두 알고 있다. 비록 국제 학업 성취도 평가가 학생들의 교육 실태를 정확하게 진단할 수는 없지만 이 테스트가 한 가지만은 확실히 진단한 것 같다. 즉, 이 테스트야말로 '한 나라의 교육 전문가의 현 위치가 어디인지'를 보여주고 있다는 사실 말이다.

그런데도 놀라운 것은 이 테스트의 신뢰성을 둘러싼 논의가 전혀 이루어지 않았다는 사실이다. 예컨대 이 테스트는 늘 타성에 젖어 태만하다는 비난을 받는 교육기관들이 단기간에 급격하게 더 나쁜 순위로 밀릴 수 있음을 보여준다. 지난 3년간 오스트리아는 몇몇 중요한 항목에서 순위가 추락했다. 그러나 똑같은 교사와 학생으로 구성된 학교가 몇 년 만에 성적이 현저히 떨어졌다는 것은 잘 이해되지 않는다. 이것은 단 두 가지로 설명할 수 있다. 첫 번째는 우리가 일반적으로 받아들이는 것보다 테스트의 신뢰성이 떨어진다는 것이고, 두 번째는 학교 자율권, 교과과정 개혁, 수업 시간 단축, 학급당 학생 수 증가, 독일어 수업 대신 전자정보처리(EDV: Elektronische Datenverarbeitung) 수업의 도입, 정서법 개혁 등 지난 수년간 강행된 학교 개혁이 순전히 역효과만 불러왔다는 것이다.

국제 학업 성취도 평가에서 측정한 것이 진짜 오스트리아 및 독일 학교의 주요 학습 목표에 속하는 것인지 한 번쯤 문제를 제기해볼 만하다. 지난 몇 년 동안 읽기, 연산, 쓰기, 사고(이제는 '문제 해결 능력'이라 불린다)는 골동품 같은 능력으로 치부되었고 미디어 활용 능력, 팀워크 능력, 사회적 학습 역량, 커뮤니케이션 준비 역량으로 대체하는 것을 매우 현대적이라고 하지 않았던가? 도대체 진보적인 교육자는 갑자기 어디로 사라졌다는 말인가? 오랫동안 우리에게 '읽기'에는 빠르게 흘러가는 영상을 받아들일 수 있는 능력도 포함되고, 가령 '연산'을 불필요하게 만들 컴퓨터 사용 능력과 마찬가지로 영상을 받아들이는 능력에서도 우리 청소년이 어른보다 훨씬 뛰어나다는 사실을 믿게 만든 진보적인 교육자는 갑자기 어디로 사라졌단 말인가? 어째서 어느 누구도 국제 학업 성취도 평가의 설계자들에게 케케묵은 지식관을 갖고 있다고 비난하지 않는가? 청소년들에게 컴퓨터와 영상 없이 혼자 복잡한 텍스트를 읽고 심지어 이해하라고 하다니? 대체 어떤 교육자가 이러한 것을 오늘날에도 감히 요구한다는 말인가?

국제 학업 성취도 평가에서도 '이성의 간계'와 '세계사의 역설' 같은 것이 있다. 한두 차례 평가 테스트가 이뤄진 후 보수적인 교육자가 지난 수년 동안 그저 비공식적인 차원에서 언급한 내용이 갑자기 다시 궁극의 지혜로 둔갑해버린 것이다. 국제 학업 성취도 평가가 도입되지 않았을 때에도 많은 사람이 어려운 텍스트를 읽는 능력과 하나의 언어로 세분해서 자기 생각을 표현할 줄 아는 능력이 중요하다고 생각했다. 하지만 지난 몇 년간 늘 아이들의 독해 실력이 최상이 아니라고 확언했던 사람들, 학교는 가장 기본적인 인지 능력을 전달하는 데 집중해야 한다고 요구했던 사람들은 문화 염세주의자로, 시대에 뒤처진 사람으로 낙인찍혔다. 그런 경고는 아무런 충격도 일으키지 못했으며 '현대적인 학교'와 '새로운 사고'라는 담론에 밀려 순식간에 외면당했다. 국제 학업 성취도 평가 이후 모든 것이 달라졌다. 이제 교과 과정에 '읽기'는 물론 '연산', 심지어 '사고력'의 중요성까지 다시 급부상했다. 이렇게 돌변한 이유는 무엇일까?

답은 간단하다. 교육정책의 필요성 차원에서 통찰하지 않고 국제 학업 성취도 평가에서 OECD 통계를 중요시하기 때문이며 마치 올림픽 경기의 메달 집계를 통해 순위를 매기듯, 이 통계가 국제 랭킹 리스트로 나타나기 때문이다. 즉, 여기서는 국가에 대한 평가가 이루어지기 때문이다. 국가 평가가 아니라면 국제 학업 성취도 평가는 전문가들의 관심 사항으로만 국한되었을 것이다. 이른바 교육 파국의 충격은 스포츠 보도에서나 볼 수 있는 파괴적인 광신(狂信)에서 비롯된 것이며 이것이 토로하고 있는 불만이 무엇인지 확인시켜줄 뿐이다. 이런 맥락에서 우리에게 잘 알려진 랭킹에 대한 논평은 우연히 나온 것이 아니다. 오늘날 사람들은 교육정책과 학문 정책에 대한 논평을 읽으면서 마치 다른 장르의 글을 읽는 것은 아닌지 헷갈리곤 한다. 이 논평에는 엘리트 집단, 특수한 재능을 갖춘 사람, 잠재적인 재능의 소유자, 흔히 Top 10에 관한 말들만 우글거린다. 자칭 정신의 문제를 다루는 분야에서 드러나는 이 '언어의 비(非)정신적 상태(Geistlosigkeit der Sprache)'가 현 실태를 여실히 보여주고 있다.

국제 학업 성취도 평가 결과보다 더욱 충격적인 것은 숭배에 가까울 정도로 랭킹을 맹신한다는 점이다. 먼저 온갖 종류의 랭킹 리스트에 거의 신경증적으로 집착하는 것은 민주주의 평등 원칙에 대한 현대 미디어 사회의 반발로 해석할 수 있다. 모든 사람은 천부적으로 평등하지만 그 누구도 다른 사람과 평등해지는 것을 원치 않는다면 차이를 만들어야 한다. 객관성과 투명성을 내세우지만 '줄 세우기'는 객관성과 투명성을 최고 인간이 누구인지 가늠하는 탁월한 가치 기준으로 만든다. 즉, 랭킹 리스트는 서열화가 고착된 세계 질서에 대한 원초적인 신뢰를 확인해준다. 역사상 어떠한 혁명도 이러한 원초적인 신뢰를 뒤흔들지는 못했다. 물론 변하지 않는 서열은 없다는 것을 솔직하게 지적한다는 점에서 랭킹 리스트에는 민주주의 정신이 배어 있다. 신이 원했던 과거의 질서가 이 위계 구조를 소수의 변수, 선택받은 집단과 제도에 영원히 연결해 고착화하려 했다면 이제는 위계 구조의 변동이 중요해졌다. 신흥 종교의 만트라(Mantra)*가 말하듯이 랭킹 리스트는 그 이데올로기 특성상 누구나 일등이 될 수 있다거나 국제적으로 최고 자리에 오를 수 있다고 큰소리친다. 무엇보다도 랭킹 리스트의 광기 속에는 왜곡된 형태의 평등 원칙이 내재되어 있다. 줄 세우지 못할 것은 아무것도 없다는 것이다. 랭킹 리스트 앞에서는 모두 평등하다. 변호사, 심장 전문의, 독신 남성, 김나지움, 대학, 호텔, 레스토랑, 유치원, 연구소, 경영자, 은행, 보험사, 아름다움, 외과 의사 등등을 막론하고 모든 것에 서열을 매기는 것이다.

그렇지만 줄 세우기는 그 어떤 것도 온당치 못하다. 그 어떤 랭킹 리스트도 하늘에서 저절로 떨어진 것은 없다. 자유 시장 이데올로기는 랭킹에서 그 모순을 찾아내어 수정한다. 만일 자유로운 시장이 많은 사람이 염원하는 대로 잔인하게 그 기능을 발휘한다면 랭킹은 필요 없을 것이다. 시장은 어차피 성공과 실패, 성취 능력의 유무를 결정하는 심급(審級) 역할을 하기 때문이다. 이 논리에 따르면 수준 낮은 학교와 별 볼 일 없는 경영자, 3류 대학, 환자를 사망에 이르게 한 외과 의사, 못생긴 모델은 언젠가는 사라질 것이다. 시장의 보이지 않는 손은 가차 없이 줄 세우기를 실행할 것이다. 물론 시장에 대한 그러한 숭배 뒤에는 역사철학적인 요소가 상당히 숨어 있다. 순수 이론의 대표자들에게 시장은 옛

* 산스크리트어로 '신성한 말씀'을 뜻한다. — 옮긴이

날 헤겔의 세계정신과 같은 역할을 한다. 랭킹 리스트는 시장이 어떤 결정을 내릴지 기다리지 않고 그 결정을 예측해서 대체할 수 있다고 은근히 암시한다. 마치 시장이 전혀 없는 곳에서 시장을 시뮬레이션하듯이 말이다. 만약 우리가 교육 부문을 완전히 민영화하고 경제 논리에 따르게 한다고 할지라도 스페인 안달루시아 지방 학생들이 북유럽 라플란드 지방 학생들과 국제 학업 성취도 평가의 랭킹을 놓고 경쟁을 벌여도 실제로는 (교육) 시장에 전혀 영향을 주지 못할 것이다. 핀란드 저지대 학생들이 알프스 산악 지대의 학생들보다 더 좋은 성적을 받았다는 기사가 났다고 해서 교육을 목적으로 그곳으로 이민 갈 사람은 없을 것이기 때문이다. 하지만 이 경쟁에서 승리한 지역은 교육 전문가라면 성지순례를 하듯 한 번쯤 가봐야 할 곳으로 꼽혀 많은 사람이 정보를 얻기 위해 다녀갈 것이며 그 덕에 관광업계가 큰 혜택을 입을 것이다.

랭킹 리스트에 대한 숭배가 보편화된 결정적인 계기는 승자가 사이비 경쟁 사회의 주인공으로 등극했기 때문이다. 국제 학업 성취도 평가와 '세계 대학 순위'의 승자들은 랭킹 리스트에 영험한 권위를 부여한다. 반면에 랭킹 리스트 하위권에 속하는 나라의 대학들은 "승자에게서 배우자, 그렇게만 하면 그들을 따라잡을 수 있다"라며 엄청난 압박을 받는다. 세계적인 명문 대학으로 발돋움하기 위한 지원금을 타기 위해 독일 대학들은 경쟁을 벌여야 한다. 그런데 이 경쟁에는 미국 최고 명문 대학들과의 격차를 줄일 수 있는 방안을 모색하라는 내용의 지원 조건이 명시되어 있다. 그래서 오늘날의 질(Qualität)이란 해외 사례를 어설프게 베끼는 것을 의미한다. 심지어 교육정책은 '따라잡기와 추월하기'를 '야심 찬' 목표라고 치켜세우고 모든 것을 거기에 예속시키려 한다. 그러나 루트비히 비트겐슈타인은 "야심은 생각을 죽인다"라고 했다.[1] 랭킹 리스트에 집착하는 학교나 대학의 준비 프로그램을 보면 이 말이 얼마나 옳은지 알 수 있다. 아직 달성하지 못했거나 앞으로 달성하기를 바라는 랭킹 리스트를 제시하는 것만으로도 다른 모든 논거를 쓸데없는 것으로 만들어버린다. "오로지 국제 학업 성취도 평가 이야기만 할 거야"라고 말하면서 모든 논의를 피하려는 사람은, 약간의 성찰 능력이라도 남아 있는 세상에서라면 구제 불능의 웃음거리가 될 것이다. 그런데 오늘날에는 이런 사람들이 전문가 대접을 받는다. 실제 필요성과 그 실현 가능성에는 아랑곳 않고 오로지 랭킹 리스트만이 지식 정책을 운용하는 조종 수단으로 기능한다. 이로써 지식 정책은 점차 지식과 동떨어지고 지식과 전혀 무관하며 중요하지 않고 자의적인 기준에 따라 이루어진다.

평가해 줄을 세우겠다는 생각은 처음부터 기업 경영 마인드와 연결되어 있다. 이것은 학교나 대학을 기업으로 만들어 시장에 초점을 맞춘 성과에 따라 진단하겠다는 의미이다. 어쩌면 교육 부문에서도 이러한 경쟁과 유사한 상황은 늘 있었던 것 같다. 좋은 학교는 유명해져서 계속 추천받았고 대학 간 경쟁은 (유동성이나 교류도 마찬가지이지만) 처음부터 대학의 특징에 속했다. 하지만 과거의 경쟁은 다양한 세계 해석, 연구 방법 및 모델들 간에, 또한 다양한 학문적인 문화들 간에 이루어진 경쟁이었다. 다시 강조하거니와, 과거의 경쟁은 진리에 접근하기 위한 경쟁이었지, 지금처럼 앞 순위에 들기 위한 경쟁이 아니었다. 유럽의 학문과 대학의 전통에서 처음부터 늘 벌어졌던 경쟁은 더 나은 이론이나 더 훌

룡한 선생을 모시기 위한 것이었다. 하지만 오늘날 새롭게 고안된 경쟁은 허구적인 시장과 밀접하게 관련된 것으로서, 서열화된 평가 및 테스트 결과가 만들어낸 것이다.

이러한 변화에서 보편적으로 나타나는 현상이 바로 전면적인 몰교양이다. 그것은 곧 비(非)본질적인 것에 대한 우상숭배이기도 하다. 특정한 조건에서만 전적으로 중요할 수 있는 것이 절대화되고 유일한 기준으로 승격된다. 한때 지식에서 진리를 둘러싼 치열한 논쟁의 장으로서 제도화된 형태, 즉 전문적인 담론 형태로 펼쳐졌던 경쟁이 이제는 햇볕이 잘 드는 양지를 차지하려고 맹목적으로 달려드는 행위로 변질된 것이다. 학문적인 접근법과 그와 관련된 지식문화가 점점 획일화됨으로써 경쟁 관계에 있는 방법론과 학파들 간의 실질적인 논쟁은 거의 찾아볼 수 없게 되었으며, 반면에 늘 똑같은 집단끼리 펼치는 사이비 경쟁만 늘고 있다.

다양한 대학 랭킹이 경쟁 상황을 실질적으로 반영하고 있다고 생각하면 큰 오산이다. 글로벌화된 사회에서 클라겐푸르트대학은 최고의 연구자와 학생을 끌어들이는 경쟁에서 상하이대학의 상대가 되지 못한다. 랭킹 리스트가 최소한 한 나라의 경제적, 기술적인 미래 능력과 관련해 실제 질적인 차이를 반영한다는 주장도 지나치게 성급한 신화임이 입증되었다. 널리 알려진 견해와 달리 국민의 교육 수준, 학자 비율, 랭킹, 우수 연구기관의 수가 그 나라의 경제 번영, 사회 안정, 문명 수준과 직접적인 연관성이 있음을 확실하게 보여주는 연구 결과는 없다.

줄을 세운다는 것은 평가한다는 뜻이다. 모든 랭킹의 핵심은 직접 연관 관계를 파악할 수 없는 사안에 서열을 부여하는 것이다. 오늘날 이런 줄 세우기를 할 힘이 있는 사람은 최고 권력자이다. 줄 세우기를 예외적으로 몇몇 사람만 할 수 있게 만든 것은 아마 이들이 '객관성'이 있는 것처럼 가장하고 있기 때문일 것이다. 독일 '최고 소설 10선(選)'을 선정하는 일은 이른바 절대 오류를 범하지 않는 비평의 황제에게 맡겨지고, 역사상 '최고 영화 50작품'을 추천하는 일은 영화 비평을 쓰는 심판관들이 맡으며, '최고 치과 의사 목록'은 필요에 따라 사전에 선정된 '최고 환자들'이 작성한다. 주관적인 기준이나 스스로 만든 기준으로도 부족할 경우 이들은 전문가에게 평가를 맡기라고 추천한다. 등급 전문가나 평가 전문가가 등장할 때가 된 것이다. 이들은 어느 정도 그럴싸한 기준을 내밀며 랭킹 리스트를 작성한다. 이를 위해 시험 및 평가 절차를 동원하기도 하고 평가자 자신의 취향이나 기호도 작용하지만 언제나 이들은 많은 돈을 받고 평가한다.

이 줄 세우기 메커니즘에 일단 한번 종속되면 정신분석학에서 '강박 성격장애'라고 일컫는 증상이 급격히 퍼진다. 이 증상이 있는 사람은 눈에 들어오는 것은 곧장 모조리 서열화해야 한다. 욕실의 타일이 몇 개인지 세고 난 후에야 욕실에 들어가는 강박에 빠진 신경증 환자처럼 지금의 교육 전문가들은 당면한 모든 현안에 대한 답을 등수를 매긴 목록 형태로 제시해야 한다는 강박에 빠져 있다.

"수업의 질은 어떤 것을 의미하느냐고?"
"아, 그것은 테스트를 거쳐 서열을 정하는 거야!"

"좋은 대학이란 무엇이냐고?"

"아, 그것은 평가하고 서열을 정하면 되는 거야!"

"학문의 품격은 어디에서 입증되느냐고?"

"아, 그것도 출판 기관이 줄을 세우는 것에서이지!"

"어떤 연구 프로젝트를 선정해야 하느냐고?"

"아, 그 역시 심사하고 나서 서열을 정하면 되는 거야!"

문제 자체를 숙고하고 성찰하기는커녕 오로지 의심스럽기 짝이 없는 리스트에 오를 순위만 따진다.

랭킹 리스트에 대한 이 우상숭배는 '판단력 결핍'이라는 특수한 형태의 몰교양을 드러내는 증상이자 현상이다. 1798년 『실용적인 관점에서 본 인간학(Anthropologie in pragmatischer Hinsicht)』에서 칸트는 판단력 결핍을 "우둔함의 한 형태"라 일컬었다.[2] 사실상 줄 세우기는 질적인 판단을 대체한다. 그것은 '줄 세우기'가 '판단'을 정량화하는 것이라는 잘못된 생각에 사로잡혀 있기 때문이다. 대학이나 학교에서 교육의 질을 보장하라는 이야기가 나오면 나올수록 질이 아니라 질을 양으로 둔갑시키는 것만을 더욱 중요하게 여긴다. 특수성을 고려해야 제대로 파악할 수 있는 것, 즉 어느 특수 기관과 그곳에서 일하는 사람들이 거둔 성과와 부족한 점을 토대로 명백히 확인될 수 있을 것 같은 것도 모든 특수성을 빨아들여 획일화하는 숫자로 평가할 경우 눈에 보이지 않게 된다.

평가할 논문을 읽는 노력을 기울이는 사람이 더는 없기 때문에 따지는 것은 그저 논문이 어떤 학술지에 실리는지, 학술지의 피인용 지수

(Impact-Faktoren)는 얼마나 되는지, 논문을 학술지에 제출했을 때 몇 점을 받을 수 있을지 알아두는 정도이다. 출판 기관의 피인용 지수가 높으면 이에 따라 발표되는 논문 수도 증가하기 때문에 매년 학자들을 줄 세울 수 있는 점수도 계산할 수 있다. 논문의 질적 수준을 파악할 수 있는 확실한 수단이 있으니 이제 굳이 연구자가 작성한 글을 단 한 줄도 읽을 필요가 없게 되는 것이다.

이들이 모두 대학에 몸담고 있는데도 평가자와 논문의 질을 보장하는 일을 담당하는 사람들이 내용에 관해 논쟁하고 분석하지 않는 것은 '질'이라는 것이 지금 어떠한 의미로 이해되고 있는지 적나라하게 보여준다. 즉, 연구 내용의 질을 단순히 정량화할 수 있는 것쯤으로 치부하는 것이다. 논리학의 가장 기초적인 기본 개념마저 무시하는 이러한 '질 보장(Qualitätssicherung)' 관념은 정량화라는 것이 원래 개념상 질과 모순되며 질은 개념 논리상 단순하게 양(量)으로 옮길 수 없다는 사실조차 이미 잊은 지 오래이다. 이 어리석음은 당연히 랭킹에 매혹되었기 때문인데 랭킹에서 질은 그저 양과의 관계로서만 나타난다. 랭킹 리스트에 누가 더 앞 순위에, 혹은 뒤 순위에 오르는지만이 중요할 뿐이다.

대상들 사이에 존재할 수 있는 관계는 무의미한 것만이 아니다. 비교와 평가의 기쁨은 인간 이성의 기본 능력이다. 이 기쁨을 적절하게 누리기 위해 필요한 것이 판단력인데 이것은 한편으로는 먼저 대상과 관계를 맺는 능력이고, 다른 한편으로는 칸트가 정의한 것처럼 어떤 것이 중요한지 인식할 수 있는 능력이다. 예컨대 이제는 보편화된 랭킹에 광적으로 매달리는 대학 본부가 출판물의 가치를 쉽게 판단하기 위해 인문학 출판사를 줄 세우려 한다면 현실을 오판하는 것일 뿐만 아니라 의도했든, 그렇지 않든 경제적인 압박 때문에 크게 훼손되고 있는 출판 환경의 다양성을 천편일률적으로 획일화하라는 무언의 압력으로 작용할 것이다. 이로써 결국에는 무엇을 썼느냐는 내용의 질을 묻는 물음이 랭킹에 든 출판사에서 출판했느냐는 서열의 문제로 대체될 것이고 내용을 강조하는 목소리도 잦아들 것이다. 연구의 자유는 지속적으로 축소되며, 사유에 필요한 에너지와 역량은 지명도 높은 출판사를 찾으려는 노력으로 소진될 것이다.

랭킹 이데올로기에서 실제로 질이나 결함을 경험적으로 파악하는 듯이 보이는 것도 자세히 살펴보면 철저하게 규범적인 성격을 갖는다. 지식문화를 바꾸고 교육 분야를 개혁하는 조건은 랭킹 리스트의 권위를 이용해 만들어진다. 그 랭킹을 정하는 기준은 (노벨상 수상자 수부터 출판목록 및 대외 연구비 수주 금액에 이르기까지) 통계학적 방법론이 요구하는 수준에는 못 미치지만 큰 저항 없이 순순히 받아들인다. 이로써 이 기준은 교육 개념이 없는 교육기관들이 초점을 두고 진행할 수밖에 없는 변수가 되고 만다.

국제 학업 성취도 평가에서 청소년들의 학업 성취도가 떨어지는 결과보다 더 심각한 것은 그 테스트의 이면에 규범적인 요구가 숨어 있다는 점이다. 제1회 테스트 이후 슬며시 나타났던 것이 제3회 테스트에서는 공식 강령으로 부각된 것이다. 따라서 현행 교과과정에 부합하건, 부합하지 않건 상관없이 학교는 국제 학업 성취도 평가에서 좋은 성적을 올리기 위해 준비를 더 철저히 해야 하며 교사들은 기대 목표를 정해놓고 학생들을 훈련해야 한다는 것이다. 어떻게 조직되어 있든, 교육 환경이 어떻든 간에 학교는 'OECD 이데올로기'가 정한 교육과정을 실현하기 위한 훈련장으로 탈바꿈하고 말았다. 국제 학업 성취도 평가 결과와 상관없이 고유한 교육 문화를 발전시키는 데 일차적으로 중점을 둔 나라가 유럽에 단 한 나라도 없다는 사실은 비록 의도한 것은 아닐지라도 이 평가가 얼마나 규범적인 압력을 행사하는지 보여주고 있다. 응용사회학의 몇몇 기본 지식만 있어도 알 수 있는 사실은 경쟁의 광기에 빠진 이 시대에 랭킹 리스트를 통해 드러난 경험적인 조사 내용이 보여주는 것은 이제 실제적인 성과 진단이 아니라 명령을 얼마나 충실하게 수행했는지일 뿐이라는 점이다.

좀 위험한 말이긴 하지만 랭킹 리스트의 원래 기능은 규범의 폭력을 행사하는 것이다. 랭킹은 상당히 원시적이기는 하지만 대단히 효율적인 조종 및 통제 방법이다. 그래서 궁극적으로는 휴머니즘의 이상으로 남아 있는 자유의 마지막 잔재까지 몰아낼 것이다. 랭킹 리스트는 처음부터 만들어진 조건 때문에 본질적으로 한 번 발표되면 그 누구도 의문을 제기할 수 없다. 랭킹 리스트는 교육기관의 질과 가치에 대한 논쟁을 규정할 뿐만 아니라 교육정책, 조직, 예산 정책에도 영향을 끼칠 수 있다. 평가와 랭킹은 예산을 줄여 특정 기관이나 연구 방향, 연수 프로그램, 학문의 중심지 등을 없애거나 바꾸라고 요구하거나 향후 더 높은 랭킹 리스트에 오를 것으로 기대되는 분야로 예산을 돌리는 데 아주 좋은 핑곗거리로 이용된다.

오늘날 유럽 대학이 수행해야 할 과제에서 주요 원칙으로 삼는 것은 랭킹, 총투자 금액, 지표, 대학 졸업 및 중퇴 비율(중도 탈락률)에 관한 내용뿐이다. 이것은 미국에서 시행하는 내용과 똑같다. 그렇지만 진짜 본질적인 문제, 즉 서로 다른 학문 분야의 의미, 역할, 위상에 관한 문제, 인식의 문제, 교육에 관한 요구는 전혀 고려 대상으로 삼지 않는다. 평가 절차와 질적인 통제를 신성시하는 생각의 이면에는 교육 환경을 구조조정을 하려는 의도를 숨기고 있음이 서서히 밝혀지고 있다. 이러한 상황은 이제 인식, 학문적인 호기심, 학문의 자유가 아니라 효율성이라는 망상, 활용 가치, 통제, 최고의 성과와 순응에 순순히 복종한다. 이 모든 것이 몰교양이 나타나고 있는 모습이다.

05
/
지식의 무게는 얼마인가?
참을 수 없는 지식의 가벼움

2004년 학계와 지식사회는 이마누엘 칸트의 200주기 추모 행사를 (추모 행사 당시 어느 평론가의 말처럼 전 세계적으로 가장 확실하게 추앙받는 유일한 독일어권 철학자로서) 그의 명성에 걸맞게 성대히 거행했다. 독일과 오스트리아에서 이루어진 대학 개혁을 둘러싼 논쟁이 하필이면 이 프로이센 철학자의 200주기 추모 시기와 겹쳐졌다는 것은 당연히 우연이겠지만, 세계적인 대철학자 칸트가 끊임없이 압력받고 있는 지금의 대학 사회에 몸담고 있었다면 어떤 대접을 받을지 떠올리게 한다. 사실 그가 없었다면 근대 학문, 근대 윤리학, 근대 미학은 존재하지 않았을 텐데도 말이다. 학자로서 칸트의 경력을 간단히 돌아보면 현재의 학문적인 풍토에서 그는 기회를 얻지 못했을 것이라고 생각할 수밖에 없다. 오늘날의 학계 풍토와 정반대로, 칸트가 구현했던 것은 모두 오늘날 대학 경영자들이 눈엣가시로 여기는 것이기 때문이다.

학자로서 칸트의 경력은 그가 한곳에만 머물러 다른 곳으로 떠나지 않은 사실에서 시작된다. 칸트는 고향인 쾨니히스베르크를 거의 떠나지 않았다. 대학을 졸업한 후에도 그 '고결한 선생'은 가정교사나 도서관 사서로 일했으며 학수고대 끝에 강사로 있던 쾨니히스베르크대학의 교수직을 얻을 수 있었다. 그의 임용은 현재 대세가 되고 있는 동일 대학 출신을 동일 대학에 임용하는 것을 제한하는 임용 규정이나 이동성(Mobilität)*이 부족하다는 이유로 채용이 금지되는 모교 출신 학자를 청빙한 전형적인 사례이다. 국제 경험이나 외국 유학 경험도 없는 칸트가 대학 교수 자리를 차지한 것이다. 정년을 보장받지 못하는 비정년 교수직도 얻기 어려운 현재 상황이라면 바랄 수도 없을 뿐 아니라 가능하지도 않을 것이다.

교수로 임용되자마자 칸트는 당시 사람들이 공직 신분인 학자들에게 품던 최악의 편견을 뼈저리게 확인했다. 그는 저술 출판을 중단했고 그후 10년간의 기나긴 '침묵의 해'가 이어졌다. 이 시기에 칸트가 발표한 것은 ≪쾨니히스베르크 신문(Königsbergische Zeitung)≫ 기고문 두 편이 전부다. 오늘날의 기준에 따라 쾨니히스베르크대학을 평가하면 칸트는 필경 (학문적으로) 성실하지 못하고 연구 성과가 미흡하다는 이유 때문에 대학에 발붙이지 못했을 것이다. 칸트에게서 적어도 혁신적인 연구라든

***

* 다른 대학이나 연구기관에서 연구 경험을 쌓는 경력 및 교류 과정을 일컫는다. - 옮긴이

가 학제 간 연구의 핵심을 찾기는 어려울 것이다. 물론 그가 그 10년 동안 아무 활동도 하지 않은 것은 아니다. 그는 철학부장, 대학평의회 상임위원, 이후에는 대학 총장을 지내기도 했다. 그렇지만 이 기간에 그의 머릿속에서는 『순수 이성 비판(Kritik der reinen Vernunft)』이 무럭무럭 자라고 있었다. 어쩌면 이 '침묵의 해'야말로 학문 역사를 통틀어 가장 생산적인 시기였을 것이다. 하지만 볼썽사납게 연구 프로젝트 신청에 매달리고 스트레스를 받으며 분주하게 책을 출판해야 하는 오늘날에 이처럼 수년 동안 일관되게 하나의 주제에 매달려 깊이 성찰한 결과물을 연구 실적으로 제대로 인정받을 수 있겠는가?

마침내 그의 핵심 저작 『순수 이성 비판』이 출판되자, 칸트는 현재의 조건에서라면 치명상에 가까웠을 공격을 받았다. 학문공동체(Scientific community)는 처음에는 이 책을 무시하다가 나중에는 이 책을 조롱했다. 『순수 이성 비판』으로 칸트가 당시 이들을 불쾌하게 만든 이유는 충분했다. 그는 이 책을 통해 당시의 많은 이념적인 신념과 충돌했을 뿐만 아니라 자기 사상을 가능한 한 정확하게 표현하기 위해, 지금도 많은 사람이 너무나 어렵고 불필요하게 복잡하다고 여기는 언어로 작성했다. 연이어 발표된 저작들, 즉 『실천 이성 비판(Kritik der praktischen Vernunft)』과 『판단력 비판(Kritik der Urteilkraft)』도 비슷했다. 이로써 칸트는 즉각 활용될 수 있는 것에 초점이 맞춰진 지금의 지식사회였다면 마지막 신망마저 잃고 말았을 것이다. 도무지 이해할 수 없고, 너무 어렵고, 고객에게 맞지도 않고, 그래서 결국에는 아무 쓸모도 없는 연구로는 외부 연구비 펀드를 끌어모을 수 없고 대중의 주목도 받지 못할 것이기 때문이다. 그런데 바로 그 때문에 쾨니히스베르크대학이 현재 도처에 강요되는 평가 방식을 당시에는 적용할 수 없었던 것이 정말 다행이라고 말할 수밖에 없다.

이 '평가'는 현재 질적 보장, 질적 향상, 국제화, 효율성, 엘리트 교육, 연구 역량 강화, 경쟁, 지식 자본 지표, 외부 연구비 수혜, 프로젝트 중심, 볼로냐 프로젝트(Bologna Archiektur), 국제 학업 성취도 평가 연구 같은 개념들을 통해 마법의 주문이 되면서 이 개념들의 뒤에 대체 어떤 것이 숨겨져 있는지 더는 깨닫지 못하게 하는 방식으로 교육정책에 관한 성찰들을 가로막고 있다. 여기서 이 개념들은 모두 단순한 도식에 따라 작동한다. 이 개념들은 용어 자체의 뜻이 시사하고 있는 것을 일컫는 것이 아니라 오히려 그것을 통해 실제로 지시되는 내용을 숨기고 있다. 이러한 기만 전략이 먹히는 것은 이 모든 개념이 '수행적인 자가 면역 원리'를 따르기 때문이다.

'평가, 질적 보장 또는 국제화'를 내세우는 사람들이 항상 이길 수밖에 없는 것은 손해를 감수하지 않고서는 이 개념들을 부정할 수 없기 때문이다. 무엇보다 업적 평가를 거부하고, 연구의 질에 관심을 두지 않으며, 경쟁하려 하지도 않고, 편협하게 자기 영역에만 안주하려 한다는 의심을 받고 싶은 사람은 당연히 아무도 없기 때문이다. 그나마 이 개념들을 비판적으로 생각하고 있어도 대부분은 그저 이런저런 방법론이나 절차를 의심하는 데 그칠 뿐 그와 관련한 본질적인 문제 자체에 대한 비판으로까지 이어가지 못한다. 어떤 유형의 평가는 원래 평가하겠다고 내세운 내용을 정녕 제대로 평가하기는 하는 것인지 의심스럽기 그지없다. 그렇기 때문에 대학에 대한 '평가'들은 그 진짜 목적, 즉 자유로운 학문을 부자유한 서비스 영업으로 교묘하게 변형시키는 목적을 충실히 수행할 소지가 있다.

'평가(Evaluation)'는 라틴어가 아니라 프랑스어에서 유래한 것으로 1980년대 영어로 변형되어 독일어권에 유입된 개념인데 표면적으로는 고등교육제도에 전혀 해를 끼치지 않는 새로운 사고(思考)였다. 이것은 다른 분야의 활동과 마찬가지로 교육과 연구를 책임지는 대학의 활동도 지속적으로 표준화, 객관화된 평가 시스템 아래 두도록 한 것이다. 요즘처럼 '게으른 교수'가 대중매체와 교육정책가의 입에 오르내리는 세상에서 이러한 일방적인 요구에 이의를 제기할 사람이 있겠는가? 그렇지만 업적 측정 및 평가의 기준과 방식들은 비단 학문 영역에서 늘 학문의 질에 관한 평가 지표로 여겨져 왔던 (출판 활동, 동료 학자들의 주목과 인정을 받는 것, 공익 활동, 학생들의 호평과 인정을 받는 것 등) 도구들에서만이 아니라 점차 경영학 이론이나 기업 컨설팅 기법에서 교육 시스템으로 넘어온 정량적인 방법에서 찾고 있다. 즉, 지수, 지표, 점수제, 피인용 지수, 상승률, 비용 편익 계산, 재무관리 방식의 지식 자본 지표, 투입 및 산출 지표, 직원 설문 조사, 조직 편성 작성, 조직 분석 등 그 밖의 유사한 방법을 평가의 기준과 방식으로 도입하고 있는 것이다.

그럼에도 이 평가들이 원래 측정하겠다고 명분으로 내세운 것들을 제대로 측정하지 못하는 것은 평가에 필요한 기준과 방법에 관해 모두가 동의하는 구체적인 원칙이 확립되지 못했기 때문이다. 즉, 대학의 질적인 평가에 관한 합의 기준이 없다는 말이다. 기준으로 삼고자 하는 것

이 연구 성과인지, 직업교육인지, 국제적인 추세에 적응하는 것인지, 전
문적인 잠재성인지, 교수와 학생의 관계인지, 학생의 만족도인지 그 합
의점이 아직 도출되지 않고 있다. 그 밖에도 실험실 설비를 기준으로 할
지, 대학의 수업 외 학생 지도 프로그램을 기준으로 할지도 그러하다.
대학이 지역 사회의 문화 발전에 기여하는지, 엘리트 육성이라는 요구
에 따라 고립된 채 새로운 지식이나 사상을 생산하는 역할을 수행하는
지, 졸업생 취업률을 기준으로 할지, 교수들에게 매력적인 조건을 기준
으로 할지, 그것도 아니면 이 요소를 모두 고려한 사항을 기준으로 할지
에 대해서도 전혀 합의가 이루어지지 않았다. 설령 모든 요소를 고려한
다 하더라도 이 사항들을 모두 어떻게 조율할 것인지도 중요한 문제가
아닐 수 없다.

이 모든 요소를 동시에 평가할 수 없기 때문에 여기서는 예시적으로
대학의 전형적인 업무인 강의와 연구에 국한해 살펴보기로 하겠다. 먼
저 강의 평가에 초점을 맞춰보면 몇 년 전만 하더라도 서비스 패러다임
이 팽배해 고객 중심으로 대학을 이끌도록 강요한 적이 있다. 그래서 심
지어 강의 중에 교수가 의심스러운 행동을 하지 않는지 관찰하기 위해
강의실에 모니터 요원을 몰래 잠입시키려고 구상한 대학도 많았다. 모
든 것을 교육 시장의 주역으로 부상한 학생들의 요구에 맞추려다 보니
관광객들에게나 통할 법한 절차까지 생겼다. 즉 '제공된 서비스'에 대한
만족도를 묻는 설문 조사를 관행적으로 실시하게 된 것이다. 강의 내용
을 쉽게 이해했는지, 교수가 제시한 참고 문헌은 읽을 만했는지, 새로운
미디어를 강좌에 활용했는지, E-러닝(E-Learning) 기법을 도입했는지, 미

리 평가 방법을 상세하게 고지(告知)했는지, 강의자의 표현 방식이 성차별적이지는 않았는지 등이 체크 사항이었다.

우리는 평가 연구 자체에서 이러한 유형의 설문 조사가 당연히 신뢰성과 유효성의 기준을 충족시키지 못한다는 것을 알고 있다. 어느 대학 강사가 오랜 기간 자기 강좌의 '수강생들에게 얼마나 좋은 반응을 얻고 있는가?'라는 단순 질문에 대한 답을 얻기 위해서는 상당한 비용이 투자되는 절차가 필요하다. 물론 이 설문 조사가 학생들의 동기 유발 상황을 어느 정도 파악하게 하고 설문 내용을 이해하는 능력에 대한 정보를 줄 수도 있다. 그렇지만 '강좌가 규칙적으로 진행되었는가?' 같은 질문 내용은 삭제해야 한다. 통계로도 밝혀졌지만 의외로 많은 학생이 자신이 결석한 것과 교수 혹은 강사가 휴강한 것을 분간하지 못하기 때문이다. 또한 강좌의 질(통계적이며 정량적인 형태로)에 대해서도 학생 식당에서 주고받은 대화에서 늘 주워들을 수 있는 수준으로만 알려줄 따름이다. 이밖에도 여러 설문 모델에서 학생들이 어려운 주제나 문제를 다루는 강의를 수강하려는 생각을 품고 있을지라도 수강생들에게 더 많은 학습을 요구하고 엄격한 시험을 치러야 하는 강좌보다 대학의 강의 내용이라고 하기에는 너무 가볍고 수준 낮은 강좌가 강의 평가 점수를 더 높게 받는다는 충분히 예측 가능한 추세도 드러나고 있다.

강의 평가는 실제의 신뢰성이나 신빙성이 아니라 내부 통제 체계를 확립하는 데 의미를 두고 있다. 어떤 형태이건 관찰 체계를 확립할 때 관찰 대상이 되는 사람이 느끼는 심리적인 영향력을 절대 과소평가해서는 안 된다. 그런데 평가 기준과 평가하는 사람의 능력이 얼마나 의미

있는지와 무관하게 오로지 학생이 평가한 지식만이 교수의 강의 태도를 바꿀 수 있다. 중요한 문제는 이러한 평가들이 설문 구성을 통해 교수법과 강의 내용에 영향을 줄 개연성이 있다는 사실이다. 여러 설문지에서 "새로운 미디어를 활용하고 있는가?"라는 문항이 중요한 위치를 차지하는 것은 E-러닝이나 블렌디드 러닝(Blended Learning)*이 대학 강의 혁신을 위한 최상의 방법이라는 믿음이 열렬하게 널리 확산되고 있는 경향과 밀접한 관련이 있다. E-러닝과 블렌디드 러닝은 원래 기업의 연수 세미나에서 빌려온 것으로 지금은 대학 교수법에서 마법의 주문으로 통한다.

언제 어떠한 조건에서 디지털 미디어를 활용하는 것이 효과적인지에 관한 성찰도 없이, 미디어를 사용할 때 예상되는 문제점에 대한 설명도 없이, 단지 그 문항들이 평가 항목에 있고 기계적인 평가가 가능하다는 이유만으로 특정 교수법 개념들을 강요하고 있다. 이런 식으로 (물론 그것이 평가 자체의 전형적인 특성이지만) 우리는 그에 관해 논증하고 근거를 제시하지도 못한 채 강의를 조정하고 표준 규정을 만든다. 이러한 평가 방식의 논리에는 업적을 규명한다는 핑계와 객관적 기준을 토대로 규범의 힘을 발휘하겠다는 것도 있다. 그래서 이에 맞서 저항하는 사람은 실패한 사람, 거부하는 사람, 불평하는 사람, 뒤처진 사람, 겁쟁이라는 평판을 감수해야 한다.

비록 이것과 다른 더욱 정교한 형태이기는 하지만 어느덧 더욱 중요

* 학습 효과를 높이기 위해 온라인 및 오프라인 교육을 비롯해 여러 교육 방법을 혼용한 교육이다. ─ 옮긴이

하게 부각되고 있는 연구 업적 평가에서도 비슷한 상황이 전개되고 있다. 최근 교육정책의 패러다임이 달라지면서 수년 전부터 대학들은 고객 중심의 서비스 기관에서 엘리트 개념에 초점을 둔 최고의 연구기관으로 탈바꿈하려 하고 있다. 그래서 대학은 이제 강의실을 찾는 학생들만 받아들이는 국내 시장에만 머무르지 않고 특허권, 평판도, 세계 랭킹, 대학 순위 리스트를 따지는 세계 시장을 상대로 해야 함은 물론, 두뇌 유출(brain drain) 및 두뇌 유입(brain gain)이 이루어지는 조차장(操車場) 역할도 해야 한다. 하지만 어떠한 기준에 따라 학술 연구 업적을 평가해야 할지 불분명한 상황이다. 자의적 평가의 여지도 많고 자기 평가와 제3자 평가를 조합하는 문제도 세부적으로 명확하지 않으면서 선택의 폭이 너무 넓은 상황이다.

단행본 학술서 발행이나 편집 활동과 비교해 국내 및 국제 학술지에 논문을 발표하는 것이 더 중요한 가치가 있는지는 원칙적으로 명확하게 밝혀지지 않았다. 개인 단독 연구와 달리 외부에서 연구비를 지원받거나 프로젝트와 관련된 연구의 의미에 대한 물음도 마찬가지이다. 그렇지만 평가에 있어서는 중요도가 분명하게 드러난다. 외부 연구비 수혜 논문이 모든 곳에서 우선적인 평가를 받고 있다. 프로젝트를 수주해 진행하는 자연과학의 연구 패러다임에 노골적으로 초점을 맞춘 평가 기준은 때로는 평가 합리성의 의도를 심각하게 의심하도록 만든다.

전문가 집단이나 대중에게 높은 평가를 받은 인문학자의 출판 활동을 평가 기관들이 프로젝트를 받은 것도 아니고 여타 외부 연구비 지원을 통해 '장려'된 것이 아니라 '상황 연구(Gelegenheitsforschung)'*라는 이유로 깎아내린다면 그러한 행태는 연구 업적의 질에 관한 평가가 아닌, 경제적인 관점에서 연구를 왜곡하는 것이라 할 수 있다. 모든 비판적 성찰은 특정한 상황, 즉 한 시대의 구체적인 물음과 문제들에서 타오르기 때문에 비판적 성찰은 모두 '상황 철학(Gelegenheitsphilosophie)'일 수밖에 없다는 귄터 안더스의 견해**도 평가자의 인정을 받지 못할 것이다. 그러나 여러 형태로 연구비를 지원해주는 당사자와의 이해관계에 얽매이지 않기 때문에 대학의 자유로운 연구 풍토에서 결실을 본 연구가 외부 연구비 지원을 받아 수행된 연구보다 훨씬 더 가치 있는 연구라고 생각하는 사람은 이제 찾기 힘들다.

사실상 이러한 경험들은 잘못된 기준을 자의적으로 설정하면 학문 개념 자체가 부지불식간에 일률적으로 표준화되고 변형된다는 것을 보여준다. 그래서 학술 활동의 실질적인 내용에 대한 물음과 마찬가지로 서로 다른 학문들의 문화 차이까지도 깡그리 무시한다. 그리고 무엇보다 평가가 비교적 자의적으로 미리 확정된 기준, 즉 '새로운 것이라면 무조건 따른다'[1]라는 기준에 따라 시행된다. 특히 이른바 지식사회에서 큰 가치를 부여하고 있는 '비범성, 창조성, 혁신, 독창성'조차 관례적인 평가 절차에서는 원칙적으로 무시되고 있다. 이러한 이유로 '우수 프

---

* 특정한 계기로 무계획적으로 하게 된 연구이다. ― 옮긴이
** 안더스는 "상황 철학은 삶의 상황에 관한 철학이다. 이 철학은 삶의 상황 자체에서 나온 것이다. 이 철학이 여러 가지 어려움을 만들어내는 것이 아니라 오히려 어려운 삶이 이 철학을 만들어낸다"라고 했다. ― 옮긴이

로젝트'라고 평가받은 연구들이 평범한 수준에 머무를 확률이 대단히 높다.

오히려 학술 연구가 최소한 형식적으로나마 집단적인 조직을 이루며 행하는 응용 중심 학문을 지향해야 한다는 점을 중시한다. 이 흐름은 학자로서의 명예심이나 자존심을 지키면서 인식 자체를 의무감으로 느끼고 수행하는 개인 연구 활동을 옹호해야 할 경우에도 팀 활동과 프로젝트, 응용이나 유용성을 내세우며 떠들어대는 상황을 낳는다. 그 대신 많은 분야에서 중요한 연구 방법 모델이 연구비를 받음 직한 핵심 연구 주제에 초점을 맞춰 모든 연구 계획을 거기에 예속시키고 그와 동시에 그저 (어떤 경우에도 아주 치열한 성찰이 필요한 용어임에도) '미래의 능력'을 비춰주는 연구 계획에만 연구비를 지원하는 형태로 남용하고 있다. 그리고 국제화라는 우상이 다른 모든 것에 우선시되고 외국 체류 경험을 학자의 고유한 자격으로 인정하며 너무 빨리 유명해진 데에 도취되어 명료한 사유를 하는 사람이 아닌데도 전 세계를 누비고 다니는 지식 경영자를 새로운 시대의 모범이 되는 인물로 떠받들고 있다.

이러한 조건에서는 진리의 주체로서 책임을 다하라는 근대 학문의 에토스는 거의 남아날 수 없다. 따라서 독일 학술 자문위원회(Deutscher Wissenschaftsrat)가 오랜 침묵 끝에 이러한 시대 흐름에 맞서서 응용 중심의 자연과학 변수를 인문과학에 획일적으로 강요하는 행태를 경고한 것, 그리고 대학에서는 인문학 연구가 우선적으로 이루어져야 하고, 외부 연구비를 지원받는 것이 평가의 결정적인 기준이 되어서는 안 되며, 현재 유행하는 학제 간 연구보다 개별 학문 영역 내의 협력 연구를 우선

시해야 한다고 지적한 것은 높이 평가할 만하다.[2]

물론 이러한 평가 압력은 상당한 결과를 초래한다. 비록 개혁 요구가 주기적으로 반복되어 혹독한 시험대에 서 있지만 대학의 적응 능력은 대학 스스로 형태조차 분명치 않은 외부 기준을 재빨리 내면화하고 당연하다는 듯이 그 기준을 따르게 만든다. 평가는 '이렇게 평가하겠다고 사칭한 현실을 먼저 만들어낸다.'[3]

사람들이 자신에게 무엇을 기대하는지 알면 그 기대를 충족시키는 법이다. 더 많이 출판하라면 더 많이 출판할 것이고 과학기술 논문 인용색인(science citation index)이나 저널 피인용 지수(journal impact factor)의 등재 빈도를 올리라면 수단과 방법을 가리지 않고 그 요구에 맞출 것이다. 프로젝트 신청을 더 많이 해야 한다면 그렇게 할 것이고 다른 학문 영역과 네트워크를 형성해 학제 간 연구를 하라면 네트워크가 생겨날 것이며 외부 연구비를 따오라면 역시 그렇게 할 것이다. 지금은 연구비를 받기 위한 모델을 개발하는 것이 경제 중심의 지식사회에서 가장 번성하는 전문 분야이다. 평가로는 학술 업적의 질이나 고유한 의미의 단서조차 파악하거나 측정할 수 없으며 오히려 학자들의 활동을 하나의 방향으로 유도할 뿐이다. 이 모든 정책이 정량적인 방법으로 정량적인 조건에 맞추는 데 집중하기 때문이다. 그래서 이미 드러났듯이 원저자나 인용 출처의 분명한 표기, 연구 성과의 품격은 중요시되지 않고 마침내 사기와 위조마저 서슴지 않는 일까지 횡행하는 것이다.*

---

* 많은 사례 가운데 다음 자료를 참조하라. Marco Finetti/Armin Himmelrath, *Betrug und Fälschung in der deutschen Wissenschaft*(Stuttgart: Raabe, 1999).

그 밖에 평가 압력은 '신청서, 프로젝트 설명서, 자기 소개서, 평가서' 같은 새롭고 이상한 장르의 글들을 만들어낸다. 이러한 유형의 글들은 숫자와 통계로 장난치는 것과 시류의 흐름을 정확하게 짚어내는 능력에 초점을 맞춘다. 즉, 어떤 부문에서든 미래의 역량이 있는 것으로 여겨지는 학계의 트렌드를 정확하게 읽을 줄 알고 그때그때 각각의 평가에서 후한 점수를 받을 가능성이 있는 학제 간 연구나 국제적으로 추천되는 프로젝트 신청서를 쓰는 능력 말이다. 그런데 이러한 조건에서는 연구 수준이 향상되는 것이 아니라 그것을 준비하는 관료주의적인 비용, 연구 계획서를 치장하는 데 소요되는 비용만 더 들 것이다. 신뢰할 만한 근거에 의하면 프로젝트 신청서는 많은 신청자가 그 자체를 학술적인 출판물로 선언하는 차원에까지 이르렀다. 이미 대니얼 디포 (Daniel Defoe)가 알고 있었던 것처럼 프로젝트는 '도저히 실현될 수 없을 정도로 원대한 계획'[4]일 때만 가치가 있을지 모른다.

이러한 조건에서 연구의 질은 절대 개선될 수 없지만 관련 수치는 점점 좋아질 것이다. 대학 본부에서 학자들에게 내년에는 연구 실적을 몇 퍼센트 끌어올려야 하는지, 그들이 따와야 할 외부 연구비를 얼마나 올릴지 미리 제시하는 것을 보면 생산 계획과 생산 목표를 미리 정해놓았던 과거 사회주의 계획경제 체제가 떠오른다. 학자들이 내년 연구 실적을 몇 퍼센트 향상시키려면 어떻게 해야 할지 고민하는 상황도 분명 코믹한 일이거니와 이러한 '장난'은 현실과는 동떨어진 조작된 프로젝트, 수치, 가상의 세계만 낳는 결과를 초래할 것이다.

이러한 상황에서는 오로지 자금을 긁어모으기 위한 목적이라면 이 세계를 아주 짧은 기간에 기술적, 의학적, 도덕적 파라다이스로 바꿀 수 있고 사회적, 경제적으로 유용한 애플리케이션을 만들어주겠다는 약속도 서슴지 않을 것이다. 한마디로 말해 때로는 뻔뻔스러운 거짓말도 일삼게 된다. 이것은 실제로 자신이 감당할 수 있는 연구 범위를 냉정하게 판단하지 못하게 할 정도로 당사자의 눈을 흐리게 만든다. 현실을 과대 포장하고 허구적으로 만들기 위해 드는 정신적, 물질적 비용은 감당할 수 없을 정도로 늘어나고 다른 곳, 특히 강의나 연구에 쓰여야 할 소중한 자원을 삼켜버린다. 그 대신 학계는 끊임없이 평가서 작성, 동료 평가, 통계 작성, 목표 수치 및 피인용 지수 계산, 신청서 및 제안서 심사, 연구비 지원받기에 온통 혈안이 되어 있다. 이런 일을 쉼 없이 추진하기 위해 평가 기준이나 방법은 평가 때마다 바뀌고 새롭게 정해진다. 이렇게 해서 평가나 질을 보장하기 위한 방법들은 원래 평가하고 장려하겠다고 명분으로 내세운 계획을 오히려 방해하는 결과를 초래한다. 그 대신 대학들이 연구비를 수주하기 위한 경쟁에서 이기려고 자신들의 업적, 프로그램, 네트워크, 전망, 프로젝트를 홍보하고 선전하는 화려한 팸플릿은 점점 더 값비싼 것으로 치장되었지만, 그럴수록 그 내용은 과장되고 공허할 뿐이다. 이것은 포템킨 마을*과 다르지 않다.

학술 연구기관에 대한 평가에서 특별한 핵심 사항은 근대 학문 자체에 있던 고유한 절차를 왜곡한다는 점이다. 근대 학문은 무엇보다 자체적으로 평가할 수 있는 평가 절차를 만들고 자기 의견을 관철할 수 있

---

* 러시아 정치가 포템킨(Potemkin)이 카타리나 2세(Katharina II)에게 남부 러시아의 번영을 가장해 보이려고 황무지에 급조한 가짜 마을이다. — 옮긴이

었다. 근대 학문의 이념은 학문이란 이성적 담론이 펼쳐지는 공론의 장에서 끊임없이 비판될 수 있다는 것이다. 사상, 가설, 이론, 발견, 관찰, 실험이 쓸모 있는지는 비판가들과의 논쟁을 통해 그것이 다루는 문제에 초점을 맞춰 입증되는 것이다. 그렇지만 지금 이루어지는 평가의 평가자는 자신이 평가해야 할 텍스트조차 제대로 읽지 않는다. 이른바 질적인 보장이 정량화라는 우상에 사로잡혀 통계나 그래픽, 1등부터 100등까지 줄을 세우는 매우 제한적인 방식으로 평가할 수 있는 것만을 인정하려 하기 때문에 질적인 보장은 언제나 원래 정한 목표를 이룰 수 없다.

하지만 그 이면에는 더 많은 문제가 있다. 현재 엘리트 학자를 양성하는 지배적인 모델은 연구 기관, 신청자, 평가자, 평가 기관, 연구비 출연자로 협소한 서클을 만들어 점점 폐쇄적인 집단으로 기능하게 만든다. 아주 역설적으로 학문은 공공의 이익을 위한다는 명목으로 강요되는 평가 때문에 계몽주의의 의미에서 공공재(öffentlichese Gut)로서의 역할을 포기했다. 전문가들은 자기들끼리만 서로 평가한다. 과거에는 이것을 '패거리'라고 일컬었다. 물론 인용의 카르텔은 늘 있었지만 지금은 학회 경력을 쌓는 데 이용될 뿐만 아니라 연구비 지원과 연구 방향 및 내용에도 영향을 미치고 있다.

평가에는 저의(底意)가 있다. 평가 제도를 도입한 초기에 유래했던 관행, 즉 같은 분야의 다른 연구소에 소속된 연구원들이 연구소를 평가했던 방식으로는 실제로 그 목적을 달성할 수 없음이 명백하게 입증되었다. 한편으로는 끊임없이 경쟁을 부추기면서, 다른 한편으로는 이 경쟁에 참여하는 경쟁자들끼리 승자를 결정하게 하는 것은 모순이다. 세상 일이 다 그렇듯이 평가에도 외부 전문가를 참여시키는 것만이 명확한 해결책이다. 간혹 기업 컨설팅이나 평가 기관과 밀착된 민간 기관 혹은 준(準)민간 기관도 이러한 서비스를 제공하고 있다. 이렇게 함으로써 평가의 합리적인 논리는 그 목적을 실현한다. 하지만 평가를 통해 학문의 기준이나 방법이 표면 아래에서 조종될 수 있기 때문에 외부의 영향을 받거나 정치적, 경제적 이해관계에 직접 예속될 수도 있다. 오늘날 학문의 자유를 위협하는 것은 독재나 검열도, 폭군의 전횡이나 전체주의 정권도 아니다. 정교한 망으로 짜인 평가 시스템으로 이루어지는 외부의 통제야말로 학문의 자유를 위협하는 요인이다. 이와 함께 원래 강의나 연구에 지원되어야 할 공적 자금 가운데 상당액이 민간 기업으로 흘러 들어가고 있다는 것도 평가의 보편적인 의지가 의도한 부작용임이 분명하다.

2005년 학계와 지식인 사회는 프리드리히 실러(Friedrich Schiller)의 200주기를 맞아 추모행사를 거행했다. 실러는 1789년 "보편 역사는 무엇이며 우리는 어떠한 목적을 위해 보편 역사를 공부해야 하는가?(Was heißt und zu welchem Ende studiert man Universalgeschichte)"라는 주제의 예나대학 교수 취임 강연에서 '학자(Gelehrter)'와 '밥벌이 지식인(Brotgelehrter)'을 구분해 설명했다. 즉, 전자가 진리의 인식을 위해 고민하는 사람이라면 후자는 진리의 가치가 아니라 오로지 자기 활동이 어떻게 평가받을지를 중요하게 생각하는 사람이다. 그런데 실러가 이 '밥벌이 지식인'에 관해 묘사한 내용이 효율성을 지향하는 새로운 유형의 지식 경영자와 너무도 딱 들어맞는다는 것은 놀랍고 당황스럽기까지 하다. 이 지식 경영자는 성과에만 초점을 두는 활용 가능한 지식과 '오로지 정신을 정신으로서 충족시키는' 연구를 엄격하게 구분한다. 그리고 후자를 포기해도 되는 문제라고 단언하며 '향후 자기 운명의 주인이 자신에게 부과할 요구'에 부응해 '전념'을 다하는 사람이다. 더 나아가 실러는 '밥벌이 지식인'에 대해 이렇게 설명했다.

> 그는 자신의 사유를 통해 돈을 벌려 하지 않고 다른 사람의 인정을 받는 것을 통해 돈을 벌려고 한다. …… 다른 사람의 인정을 받지 못하면 그보다 더 불행한 사람은 없을 것이다. 그에게는 진리가 돈이나 신문의 칭찬, 군주의 총애로 바뀌지 않으면 진리를 찾아 연구하는 것도 헛된 일이고 자신의 삶과 노력도 소용없는 것이 될 것이다.[5]

우리가 마지막 개념을 연봉, 좋은 서열, 산업계의 인정으로 바꾼다면 현재 상황을 가장 적절하게 반영하는 현상일 것이다. 실러에 의하면 이 상황은 학자의 자기 이해를 의미하는 정확한 진단이다.

> 학문과 예술처럼 가장 고귀한 것을 다루는 사람이 고상한 것을 위한 것이 아니라 형편없는 일을 하는 날품팔이가 되려고 한다면 비난받아 마땅할 것이다. 그는 완전한 자유의 왕국에서 영혼의 노예가 되라고 떠들고 돌아다니는 것이기 때문이다.[6]

우리가 추구해야 할 유토피아는 현재의 학문 활동을 지배하고 있는 영혼의 노예 상태를 깨는 것이다. 우리의 지식사회가 실러를 통해 한때 학문과 자유가 서로 어떻게 관련되었는지 이따금 떠올려본다면 그 나름으로 얻는 바가 많을 것이다.

06
/
볼로냐
유럽 대학의 허상

유럽 대학이 처한 참혹한 상황을 일컫는 이름이 바로 '볼로냐 (Bologna)'이다. 1999년 유럽 각국의 교육부 장관들이 볼로냐에 모여 중·고등학교 이후의 교육 분야를 3단계 학위 취득 시스템*으로 전환하는 데 합의했다. 이 같은 합의가 도출된 것은 유럽의 고등교육 시스템을 하나로 통합해 각 대학에 소속된 학자와 대학생들의 역량을 서로 비교할 수 있게 하고, 그렇게 함으로써 상호 교류를 더욱 확대하려는 의도 때문이다. 하지만 볼로냐 합의는 단지 미국식 모델을 그대로 모방하려는 얄팍한 생각에 불과하다. 정치적으로 통일을 이루기 위해 부단히 애썼

---

* 미국식 모델로 3+2+3 학제, 곧 3년의 학사 과정, 2년의 석사 과정, 3년의 박사 과정을 의미한다. ─ 옮긴이

지만 유럽 헌법 조약의 비준이 거부됨으로써 좌절을 겪은 바 있는 유럽의 이러한 노력이 적어도 교육 분야에서는 어느 정도 성과를 이루었으며 어쩌면 지속적으로 통합을 진행하고 확대할 수 있는 동력을 제공해줄지도 모른다. 더욱이 EU 가입을 고대하고 있는 많은 국가도 덩달아이 '볼로냐 프로세스(Bologna-Prozeß)'를 지지하고 있다. 얼핏 보면 유럽고등교육제도(Hochschulwesen)의 시스템 단일화 구축은 설득력 있어 보인다. 하지만 구체적으로 살펴보면 이는 유럽 대학의 이념과 결별하는과정을 더욱 촉진하는 계기임이 밝혀질 뿐이다.*

볼로냐 프로세스의 첫 구상은 1998년 5월 프랑스, 독일, 영국, 이탈리아의 교육부 장관이 발표한 '소르본 공동선언(Gemeinsame Sorbonner Erkläring)'에서 비롯되었다. 이 선언문은 학습 성취도를 좀 더 원활한 방식으로 산정할 수 있도록 유럽 대학을 위한 통일된 골격을 제시했으며,더불어 두 영역, 즉 학부와 대학원 과정을 확실한 미래의 발전 모델로 규정했다. 이에 따르면 학부 과정을 '직무에 적합한 전문 직업인 양성 과정'으로 정의하고 이 학부 과정에 (그와 비교해) 상대적으로 기간이 짧은 '석사 과정(Master-Studium)'이나 그보다 긴 '박사 과정(Promotionsstudium)'을연계할 수 있도록 했다. 여기서 결국 3단계로 이루어진 학위 과정 구조가 확립되었으며 학사와 석사** 학위 과정은 후속 연구 절차인 박사 학

---

* 이에 관해서는 다음 문헌을 참조하라. Jochen Hörisch, *Die ungeliebte Universität*(München: hanser, 2006).
** 저자는 'Bachelor' 외에 'Bakkalaureat', 'Masterstudien', 'Magisterium'도 표기했으나 여기서는 사실상 같은 의미이기 때문에 따로 번역하지 않았다. ─ 옮긴이

위 과정* 진학을 위한 전제 조건으로 간주되었다.

'소르본 공동선언'이 의향서라면 폭넓은 토론도 거치지 않고 이 공동
선언문에서 도출해낸 볼로냐 프로세스는 유럽 고등교육제도에 구속력
을 갖는 일체의 새로운 규정을 선포한 선언문인 셈이다. 달리 말하면 이
새로운 규정은 '유럽연합 법(EU-Recht)'에서 명문화한 교육에 대한 책임,
즉 유럽 각국이 교육 문제를 해결하도록 스스로에게 부여한 과제라고도
볼 수 있다. 요컨대 유럽 각국의 학문적인 문화 전통이 서로 다른데도
학교 간 교류와 상호 인정을 촉진하려는 목적으로 전 유럽 대학의 학제
를 단일화하는 것이 과연 유일무이한 방법인가 하는 문제를 제기할 수
있다. 대학생을 대상으로 하는 EU의 교류 프로그램 활용 비용이 한 해
에 대략 10%밖에 되지 않는다는 점을 고려하면, 그리고 고등학교 식으
로 운영되는 학사 일정 때문에 외국에서 학기를 이수할 시간적 여유가
없고 무엇보다 경제적인 사정 때문에 이 프로그램에 참여하는 학생이
전반적으로 늘지 않는다는 점을 고려하면 교류를 명분으로 내세운 해명
은 취약하기 그지없다는 사실이 드러난다. 따라서 이 프로그램에 참여
하는 극소수 대학생들 때문에 엄청난 비용이 소요되는 고등교육제도의
구조 개혁을 단행하도록 모든 국가를 압박한다면 이는 상당히 심각한
문제가 아닐 수 없다. 학생 교류를 활성화하고 학업 성취 결과를 상호
인정하는 일은 더 간단한 다른 조치들을 통해서도 해결할 수 있을 것이
다. 결론적으로 교류는 전혀 내세울 만한 명분이 되지 못한다. '상호 교

---

* 저자는 'Doktoratsstudium' 외에 'Ph.D-Progamm'도 표기했으나 이 역시 같은 의미로 쓰
였기에 따로 번역하지 않았다. ─ 옮긴이

류'는 어느덧 '국제화'라는 개념처럼 거의 반박할 수 없는 가치를 자랑한 다. 그렇기 때문에 볼로냐 프로세스가 주장하는 상호 교류는 유럽의 고 등교육제도를 단일화하고 규범화하기 위해 전면에 내세우는 정당화의 근거로 사용되고 있는 것이다. 그것이 탈(脫)유럽화의 과정으로 밝혀질 수 있는데도 말이다.

그 의도는 분명하다. 모든 학과에서 3년 과정의 학사 학위 취득 제도 도입을 의무화함으로써 대학들은 일차적으로 '기초학문을 기반으로 한 직업인 양성 교육'을 수행해야 할 과제를 떠맡게 된다. 물론 세분된 직업 교육을 수행하는 학교나 전문대학이 없는 국가들에는 의미 있는 일일 수도 있지만 여타 국가들의 대학 환경에서 이와 같은 학사 과정의 도입 은 그 자체로 전혀 필요 없는 구조조정을 의미할 뿐이다. 그렇게 되면 대학의 의미, 곧 학문이 뒷받침되고 연구와 교육의 통일을 전제로 하는 직업 기초교육의 산실로서의 대학은 가차 없이 소멸될 것이다.

직업에 초점을 맞춘 단기 학위 과정(Kurzstudien)이 전역에 도입된다 면 대학의 모습은 이전의 다른 모든 개혁으로 비롯된 것보다 더 지속적 으로 변화할 것이다. 교육 담당 장관들을 그렇게나 매료시키는 학사 과 정의 학문 정책적인 의미는 명약관화하다. 요컨대 재학 기간을 줄이고 고학력자 비율을 늘리는 것이다. 하지만 이와 연관한 쟁점 역시 뚜렷이 부각된다. 말하자면 학사 학위는 대학을 중퇴한 학생들에게 주는 대학 졸업장이 되는 것이다. 지금까지는 그럴 만한 역량이 되지 못해 디플롬 (Diplom) 학위*를 취득하지 못했던 학생이 이제는 고학력자로 승격되 는 셈이다. OECD 통계 자료를 보면 그렇게 함으로써 수많은 학사 학위

소지자의 수준이 향상될 것이라고 밝히고 있다. 하지만 실상은 다음과 같은 의미를 내포할 뿐이다. 즉, 대학은 학사 제도를 진지하게 수용해 최우선으로 경제 친화적이고 실무 지향적인 단기 학위 과정의 공급자가 되며 학사 제도는 이러한 경향에 맞추어 구조화되고 규범화될 뿐만 아니라 고등학교 수업 방식을 따르게 된다. 그런 식으로 시간이 흐르면 대학은 전문대학처럼 될 것이다. 아니면 대학은 단지 학사 제도라는 형식에만 치우치다가 자질은 떨어지고 겉보기에만 고학력자인 학생들을 양산해 노동시장에 배출하게 되는데 그렇게 되면 시장은 대학에 무슨 사정이 있었는지를 바로 깨닫게 될 것이다.

경제계에서도 이렇듯 대학의 졸업 기간을 앞당기고 싶어 한다는 의혹의 소리가 새어 나온다. 그 이유는 경제계가 직업교육을 위해 지출하는 비용을 최소화하고 대학을 마치 하청업체처럼 이용하려는 의도가 있기 때문이다. 하지만 그렇게 함으로써 가장 큰 손해를 보는 것은 결국 경제계 자신이다. 그뿐만 아니라 인문학 및 문화학 관련 학과들의 직업 전망이 계속 바뀌고 있는 상황에서 이들 학과에 개설된 단기 학위 과정이 전반적으로 의미가 있는 것인지, 그리고 특히 경제, 미디어, 생명공학과 융합함으로써 인문학이 구제될 수 있다는 유행을 좇아 학위 과정이 설계된다면 그 역시 의미가 있는 일인지 의구심이 들지 않을 수 없다.

이러한 단기 학위 과정이 어떤 형태를 띠건 간에 학습 과정에서 학문성과 깊이 있는 인문학적 성찰을 요구할 수는 없다. 이 과정은 그저 신

---

* 디플롬은 학사와 석사를 구분하지 않는 독일 대학의 전통적인 학위 명칭이다. 학과마다 학기 수의 차이가 있으나 우리나라의 석사 학위에 가깝다. ─ 옮긴이

속하게, 비용을 절감하면서 시간 낭비 없이 학생들을 졸업시켜야 한다. 그러므로 학사 학위를 취득하는 것 이상의 노력을 기울이지 않는 대학생들에게 명성이 자자한 국제화라는 것은 한낱 공허한 약속에 불과하리라는 점은 분명한 일이다. 학사 학위 과정을 마치고 석사 학위 과정에서 비로소 소수의 대학생은 학문성이라는 형식, 곧 대학 본연의 특성을 규정하는 데 결정적인 형식과 마주하게 된다. 그렇지만 석사 학위 과정 역시 고도로 선(先)구조화되었고, 특히 사회과학과 인문학 분야에서도 시류를 좇는 변수들을 앞세우는 상황이다. 그렇기 때문에 석사 과정에서 교육의 자유가 볼로냐 프로세스로 인해 희생된 최초 사례에 포함된다는 점을 눈여겨볼 필요가 있다. 그나마 이상적이라면 석사 학위를 수료한 졸업생들을 미국식 대학 체계인 Ph.D를 모방해 체계화한 박사 학위 과정(Doktoratsprogramm)과 연결해주는 일일 것이다. 연구 경력을 쌓아야 하는 소장 학자들은 잘나가는 연구기관이나 외국의 명망 있는 대학에서 박사 학위를 취득하라는 권유를 받는다. 그렇게 되면 궁극적으로 대학에서 연구와 교육의 일치는 전면적으로 사라지고 특정 프로그램과 학과에서만 겨우 그 흔적을 찾을 수 있게 될지도 모를 일이다.

머지않은 장래에 Ph.D 학위는 연구 및 교육 경력을 쌓는 과정에서 역량을 인정받는 중요한 울타리가 될 것이다. 아울러 교수 자격 취득 과정인 '하빌리타티온(Habilitation)'*은 점점 그 중요성을 잃어가고 결국에는 실용주의적인 이유에서 완전히 사라질 것이다. 이처럼 전통적인 3단

---

* 박사 학위 취득자에게 주어지는 독일어권 대학의 교수 자격 취득 과정으로 일반적으로 이 자격을 취득해야 교수직을 얻을 수 있다. — 옮긴이

계 학위 취득 제도였던 '디플롬-박사-교수 자격 취득' 과정은 새로운 3단계 제도, 즉 '학사-석사-박사' 과정으로 재편될 것이다. 그럼에도 몇몇 상황은 계속해서 변화를 겪을 것이다. 대학의 전공 기초 과정의 학문 수준은 낮아지는 대신 졸업자는 증가할 것이다. 순수 학문이나 실질적으로 양질인 직업교육에 관심 있는 학생의 관점에서 보면 수업료는 증가하고 재학 기간도 더 늘어날 것이다. 그렇기 때문에 비용 절감이라는 경제적인 기준에 따라 판단하더라도 이 개혁이 과연 도움이 되는 것인지 의문이 든다. 디플롬 학위를 같은 등급의 학사 학위로, 박사 학위를 석사 학위로, 교수 자격 취득을 Ph.D로 바꾸어 표기하면 비용 절감 효과가 확연히 나타나야 할 것이 아닌가.

현재 시행되고 있거나 계획 중인 새로운 유형의 학위 프로그램들을 관찰해보면 주목할 만한 것이 한 가지 있다. 학사 학위에서 박사 학위에 이르기까지 모든 과정이 철저히 구조화되어 있으며 모듈화된 '프로그램'으로 제공된다는 것이다. 지금까지 정신과학 및 인문학 분야에서는 최소한 박사 학위 과정에서, 또한 교수 자격 획득 과정에서는 당연히 주제를 스스로 결정하고 방법론을 자유롭게 선택하면서 연구를 진행할 수 있었지만 네트워크로 연결된 강의와 미리 정해져 있는 박사 과정 프로그램들은 계획 가능성, 연결망, 표준화 및 통제를 통한 연구 방식으로 바뀔 것이다. 이 같은 학위 과정 프로그램은 소장 학자들에게 경제적으로 도움을 주고 기존의 연구 네트워크와 연결해줌으로써 경력을 쌓는 기회를 높여줄 수는 있을 것이다. 그렇지만 이로써 연구자 개인의 접근성, 독창적인 연구의 시도나 정통 학설에서 벗어난 문제 제기를 할 기회는 사라지고 말 것이다.

오늘날 대학 개혁가라고 자처하는 사람들에게는 진정한 의미에서 단 하나의 적(敵)만 있는 듯 보인다. 그들이 적으로 여기는 것은 독립적으로 연구하는 정신, 즉 학문을 구조화하고 통제해야 한다는 개혁론자들의 관념에서 벗어나 있는 정신이다. 응용 가능한 자연과학 및 기술공학에서나 인정될 법한 아이디어가 (이러한 아이디어가 기초학문에서 통용될 여지가 없다는 점은 거의 확실하다) 아무런 성찰도 없이 학문 전반으로 퍼져나갔다.

학문의 성취 능력과 해석의 권한은 예나 지금이나 규범, 표준, 프로그램 및 연구 상황에 초점을 두지 않고, 개별적인 성과에 상당 부분 의존하는데도 말이다. 학문을 이런 식으로 취급하는 경향에 대한 비판이 나약하게나마 이제야 비로소, 그렇지만 너무 늦게 나타났다는 사실은[1] 대학의 이념이 어느덧 심각하게 훼손되어 있음을 증명하는 것이다.

교육의 현대화가 추진되는 곳에서는 항상 평가가 수반된다. '유럽 공동 학점 인증제'에 의한 학업 성취도 산정은 볼로냐 프로세스에서 특히나 매혹적인 부분이다. 이 제도를 정착시키기 위해 독일은 '학점'이라는 그럴듯한 개념을 확립하기 시작했다. 유럽 공동 학점 인증제에 따라 이른바 학점 시간제(student workload), 이를테면 한 대학생이 일정한 수업 목표에 도달했음을 확인하기 위한 수업의 양을 측정하는 것이다. 특정한 대학 활동을 평가하기 위해서 (이론적으로 강의에 적용되는 것은 아니지만) 부여하는 유럽 공동 학점 인증제나 학점은 학업 성취 여부를 내용적인 측면에서 등가적으로 확인하는 것이 아니라 학업에 소요된 시간을 비교하는 것이다. 경제학자들이 혐오감을 앞세우며 폐기 처분한 카를 마르크스(Karl Marx)의 노동가치설이 유럽의 교육 계획경제에서 부활하고 있는 것은 세계사의 아이러니가 아닐 수 없다. 이에 의하면 학업의 가치는 학업에 투입된 평균적인 공부 시간에 따라 측정할 수 있다는 것이다.

스스로 개방적이라고 착각하고 있는 교육개혁의 중심에서 마르크스주의 르네상스가 꽃피고 있다는 사실은 참으로 반가운 일이 아닐 수 없다. 그 의도가 선하건 치졸하건 간에 이 체계의 설계자들은 독일 파더보른에 개설된 윤리학 분야의 4학점짜리 강좌와 헝가리 데브레첸에 개설된 그와 비슷한 내용의 4학점짜리 강좌를 비교할 수 있다는 사실을 근거로 내세우고 있다. 교육이 이루어지는 곳이면 거기가 어디든 교육은 이루어진다는 말이 온당하다면, 위 사례 역시 그에 맞는 일일지도 모른다. 그러나 이같이 중복되는 의미를 깨닫기 위해서 21세기 유럽인들에게 필요한 것은 정작 대학생들도 거의 다루지 못하는 기형적인 측정 도구와 규정 일람표이다. 이러한 이유 때문에 몇몇 국가에서는 학점 문제로 혼란스러워하는 대학생들을 돕기 위해 유럽 공동 학점 인증제 상담센터를 운영해야 하는 상황이 벌어지기도 한다. 다른 나라와 마찬가지로 오스트리아에서도 이 상담 기관은 성황을 이루고 있다.

이제 유럽의 학사 계획을 따르면 일단 강좌 제목과 모듈 제목의 명칭이 모든 나라에서 동일해야 하며 그다음으로는 유럽 전역에서 모든 강좌를 영어로 진행해야 한다. 그렇게 해야 이 지침이 규범적인 효력을 발휘할 수 있기 때문이다. 유럽 고등교육제도는 이미 이런 식으로 단일화를 이루었는데 이로써 사실상 유럽 전역에서 똑같은 내용을 공부할 수 있게 되었다. 그렇기 때문에 학생들은 굳이 다른 나라로 유학 갈 필요가 없다고 안심하는 상황에 이르게 된다. 상호 교류를 증진해야 할 이 단일화가 오히려 교류를 방해하는 결과를 초래한 것이다. 우스꽝스러운 모습으로 변형된 유럽의 대학교육 플랜이 외국에서 공부할 계획을 세운 대학생들을 비웃음거리로 만들어버린 셈이다. 다른 한편으로 장학생들 사이에서는 '에라스뮈스 프로그램(Erasmus-Programm)'*이 여전히 가장 중요한 계기가 되고 있음이 공공연하게 인정되고 있다.

유럽 공동 학점 인증제의 학점 도입은 여전히 피할 수 없는 결과를 낳고 있다. 학사 계획은 이제 학습 본연의 목표를 달성하기 위한 강좌가 아니라 학생이 제출하는 성과에 초점을 맞춘다. 그럴듯하게 보이지만 그것은 결국 술책에 불과하다. 왜냐하면 학업 성과라는 것이 강좌와는 단절된 채 나타날 경향이 있기 때문이다. 이러한 양상의 결과로 등장한 것이 특히 E-러닝 수업 방식과 결합되면서 영상 매체를 활용하는 원격 대학(Fernuniversität)이다. 학생은 인터넷으로 과제를 받아 처음부터 끝까지 집에서 공부하고 그에 상응하는 학점을 얻는다. 대학은 졸업 시험을 치를 때 딱 한 번만 가면 된다.

이러한 상황이 결코 미래 시나리오가 아니라는 사실은 그라츠 의과대학의 사례에서 찾을 수 있다. 이 대학에서는 전공 심화 학업 과정을 계속할지 결정하는 예비 학습 과정을 정확히 이 모델에 따라 편성했다. 민간 기관의 도움이 필요한 학생들을 위해 학습 과정을 맞춤형으로 재구성하고 돈을 받고 세미나를 제공할 것은 뻔하다. 이런 식으로 교육이

---

* 유럽 국가들의 대학 재학생과 졸업생, 대학 교직원까지 참여할 수 있는 광범위한 교류 협력 프로그램이다. — 옮긴이

민영화될 개연성이 있다. 대학은 졸업장을 찍어내는 기관이 되고 학생은 민간 학습 기관에서 배우게 될 것이다. 이러한 방식은 강의 비용을 절감하고, 특히 학생들이 대거 몰리는 학과의 부담을 덜어준다. 아울러 대학 언저리에는 교육 서비스를 추가로 제공하는 자유 시장이 형성되며, 이에 따라 스승과 제자가 어울리는 공동체로 간주되었던 예전의 대학 모습과는 결별하게 된다.

볼로냐 프로세스가 도입되기 시작하면서 특성화된 학업 '모듈화(Modularisierung)' 역시 정량화 및 단일화 원칙에 가장 적극적으로 순응하고 있다. '모듈'이란 서로 연관되어 있는 단위들, 즉 전자기기 부품처럼 조립이 가능하고, 경우에 따라 교체될 수 있는 단위들인데 이처럼 모든 학과가 모듈 단위로 제공되고 모듈 단위로 졸업할 수 있게 된 것이다. 그런데 실제로 이 모듈 구상은 학문과 학문에서 도출된 교수법을 내적으로 구축하는 데에도, 학습 이론을 위해 필요한 노력을 기울이는 데에도 초점을 맞추지 않는다. 이와 정반대로 모듈은 스웨덴의 한 가구회사*가 지나칠 정도로 실용화한 것처럼 산업 현장에서나 쓰일 법한 활자 상자(Setzkasten) 모델을 지향한다.

이와 같은 모듈 구상을 학문에 적용하면 글자 그대로 학문의 물화(物化), 즉 '정신의 소외'를 의미한다. 유럽의 학문 전통 속에서 인식과 이해, 개념의 생명력과 역동성으로서 보존되었던 것들, 그 생명력에 상응하는 교수법을 위해 필요했던 것들은 이제 '모듈화'되어버린다. 즉, 가

---

* 가구 제조 기업 이케아(IKEA)를 지칭한다. - 옮긴이

구용 패널처럼 서로 눌러서 마음 내키는 대로 끼워 맞추는 부품이 된 것이다.

이 지식 공장이 낳은 최초의 결과들은 이미 드러나고 있다. 철학, 윤리학과 관련된 몇몇 모듈을 경영학 이론 및 경영 기법과 관련된 이런저런 모듈에 끼워 넣는다. 그렇게 되면 그야말로 '비즈니스 윤리학'이라는 기상천외한 이름의 학과가 탄생하게 된다. 이런 형태의 결합이 여러 대학에서 이뤄지고 있는데 그나마 그렇게라도 해야 심각한 위험에 처할 수밖에 없는 철학을, 이른바 '구제'해준다는 것이다. 물론 경제가 구원해주기를 오매불망 기다리는 철학에 대해 어느 정도로 생각하고 있는지에 관한 논의는 더 진척되지 않고 있다.

이처럼 사정이 급박하다면 실용적인 경제 분야의 도움을 받을 생각을 하는 것이 그런 생각을 전혀 하지 않는 것보다는 차라리 나을 것이다. 중세 스콜라 철학자들은 정신이 어떻게 시녀(侍女)로 전락하고서도 살아남을 수 있었는지를 보여주었다. 물론 근대 학문의 파토스와 성공은 이 같은 강제적인 고용 계약에서 벗어났기 때문이다. 그렇지만 유럽의 교육개혁자들은 이런 문제에 대해서는 더 알고 싶어 하지 않는다.

예컨대 학문이 학문인 것은 고유한 체계와 방법론을 갖고 있기 때문이라는 생각, 즉 학문의 고유한 체계와 방법은 학문의 요소들을 멋대로 잘라버리거나 결합하는 것을 용납하지 않는다는 사고는 그들에게는 완전히 낯선 이야기일 뿐이다. 전공과 부전공을 구분하고 그 둘의 결합을 규정했던 과거의 학사 규정은 학문의 본질적인 성격에 관해 어느 정도 알고 있었고 이를 토대로 상호 학문성을 도모했다. 이 상호 학문성은 적어도 하나의 전공 학습을 깊이 있고 철저하게 마치는 것을 결합의 전제 조건으로 삼았던 것이다.

그러나 현실은 전혀 다른 양상으로 치닫고 있다. 학업은 어떤 방식으로든 조직화되고, 따라서 최근 수십 년 동안 대학은 수많은 모듈 방식의 커리큘럼을 체험해보았다. 이렇게 되다 보니 가르침과 배움의 목표, 학점이나 학기당 취득 학점, 모듈 또는 학과들이 제 목소리를 내고 있는지 조차도 지엽적인 문제로 여겨진다. 학업의 편성 형식과 그에 속하는 용어를 보면 대체적으로 실제 무슨 일이 시행되고 있는지 알 만한 것들은 거의 없으며 학업의 질적 특성에 대해서는 아무것도 알려주지 않는다. 그럼에도 이와 같은 규범에 대한 구상을 전달하는 정신에 대해서는 몇 가지 알려주는 것이 있기는 하다. 하지만 오늘날 그것은 광신(狂信)일 뿐이다. 모듈화된 학과의 강의 목록을 살펴보면 실제 내용이 아니라 학점, 모듈의 소속, 학점 산정의 변수들이 주목해야 할 핵심 사항일 뿐이다. 이 같은 조건에서는 학문에 대한 호기심이나 열정은 거의 찾아볼 수 없다. 학생들은 학점과 모듈 사이를 오가는 묘기를 부리면서 마지못해 진정한 승자 자리에 올라서게 될 것이다.

이 같은 전환 과정, 특히 오스트리아와 독일에서도 마치 모험을 즐기듯 시간에 쫓기면서 밀어붙이기 식으로 진행되는 일부 개혁 과정으로 대학 내부 조직이 혼돈에 빠졌다는 사실 외에도 볼로냐 프로세스 때문에 대학의 이념 및 그와 관련된 교양 개념이 붕괴되었다는 사실에 관해 몇 가지 추론을 할 수 있다. 1960년대 초반부터 교양이 파국에 처했다는 소리가 들려왔고 연이어 개혁이라는 이름으로 공격이 이어졌던 상황에서 대학은 그 본연의 과제를 숙고할 기회를 잃고 말았다.

기억을 되살려보자. 대학을 중심으로 펼쳐진 근대 혁명의 추동력은 근세 이후 확립된 학문 개념과 함께 시작되었다. 이때 학문은 일체의 정치적, 종교적 구속력은 물론 경제적 구속력과 의무에서 벗어나고자 했다. 근대의 학문 낙관주의는 여기에 기초한 것이다. 즉, 다른 어떤 것에도 신경 쓰지 않고 오로지 학문 고유의 논리에 맡겨진 연구는 마땅히 문명화로 나아가는 진보를 보증하는 것이어야 했다.

대학의 토대와 내용을 구성하며 어떠한 조건에도 얽매이지 않는 학문 문화를 지지한다는 고백은 1802년 프리드리히 셸링의 유명한 강연인 "고등 학문의 방법(Methode des akademischen Studiums)"에서 볼 수 있다. 셸링에 따르면 지식 그 자체의 이념은 대학에서 구현되어야 한다.

그 자체로 무조건적인 지식의 이념, 그것은 온전히 '하나'이며, 그 안에서는 모든 지식 역시 '하나'일 뿐이다. 그 근원 지식(Urwissen)도 마찬가지이다. 근원 지식은 이상적인 세계가 다양한 단계를 거치면서 나뭇가지처럼 갈라져 뻗어나가다가 어마어마한 인식의 나무로 확장된다.[2]

물론 이것은 이상주의적인 생각이다. 하지만 근대의 성립이 학문적 지식 개념에 빚을 지고 있다는 생각은 그 개념에 비춰볼 때 대학의 의미가 무엇인지를 여실히 보여주고 있다. 왜냐하면 학문적 지식이라는 개념은 근대의 모든 학문 분야와 그 방향의 총체 속에서 비로소 자신의 결정적인 형상을 보유하기 때문이다. 대학은 학부와 학과, 방법과 계획,

목표와 대상을 그저 배열해놓는 것이 아니라 공동의 학문 개념을 통해 이러한 요소들이 상호작용을 일으키는 곳이다. 그저 소수의 대규모 대학만이 아직 이러한 기대에 부응할 수 있다는 것은 의무이자 기회로 이해할 수 있을 것이다. 하지만 상황은 정반대로 진행되고 있다. 대규모 대학들조차 얄팍하게 경제적인 관점을 내세우거나 기업 이데올로기에서 비롯된 이익 창출 환상에 굴복함으로써 연구의 중점 사안들뿐만 아니라 학업을 위해 제공해야 할 것들을 축소하고 있다. 사립대학은 물론 공립대학이 새로 설립될 때조차도 학과 개설은 극단적으로 협소한 분야를 위한 직업교육 여건을 마련하는 데 더 많이 할애해야 한다는 방침을 세우고 있는 것이다.

의과대학의 허가를 둘러싸고 여전히 논쟁이 벌어지고 있는지는 모르지만 '경제 윤리 대학'이나 '심리 치료 대학'과 같은 괴상한 발상은 (그 대학이 제공하는 특수한 직업교육의 질적인 특성과는 별도로) 대학 개념이 완전히 훼손되었음을 드러낸다. 기업 친화적인 대학들이 우후죽순처럼 확산되는 현상을 보면 한때 대학다움을 갖추고 있던 기관들이 이제는 모두 허울만 대학 이름을 걸치고 있을 뿐이라는 사실이 명백하다. 협소하지만 미래를 선도하는 분야로 인정받는 공학 및 자연과학 연구에 우선적으로 집중한다는 이른바 엘리트 대학의 설립 역시 외형적인 상품 꼬리표로 속이는 행태를 따르고 있다. 어째서 연구소를 연구소라고 부르지 못하고, 전문대학을 전문대학이라고 부르지 못하면서 전부 대학이라는 후광 속에 기생(寄生)하려고 하는지 의문이다. 곧바로 대학의 황폐화가 유럽의 거의 모든 교육정책가들이 주창하는 목표가 되고 만 것이다.

셸링은 연구하는 사람, 가르치는 사람, 배우는 사람으로서 지식에 참여하는 모든 사람에게 철학이 제시하는 이러한 상호작용이야말로 지식 형태의 전제 조건, 방법, 핵심 사안이며 이러한 것들을 지식 전체와 관련지어 생각해야 한다고 믿었다. 오스트리아에서는 오랜 전통이 있는 '필로조피쿰(Philosophicum)'*이 이러한 관념을 보존하려고 노력했다. 하지만 필로조피쿰도 진작부터 형식적인 허울로만 남아 결국 대체 과정도 마련하지 못하고 없어지고 말았다.

학문적인 지식이란 한 대학에서 심혈을 기울여 전파한 지식이라고 할 수 있으며 학문 자체는 지식의 생성과 발전의 비(非)자의적인 형식으로 나타난다. 따라서 셸링의 근본적인 전제들을 현대적으로 바꿔 표현할 수 있을 것이다. 즉, 대학이 추구하는 교양은 특정 분야의 전공 세분화 단계에 진입하기에 앞서 근본적으로 근대 학문 개념의 전통, 문제점들, 그 형상을 개괄하는 것을 의미하는 것이었다. 이러한 의미에서 필요한 필로조피쿰의 새로운 구성, 즉 지식이론(적인), 지식사(知識史)(적인), 그리고 지식철학적인 방향을 설정해줄 수 있는 이 새로운 구성이 대학이 대학다움을 회복하는 첫 단계가 될 것이다. 그러한 문제를 제기하는 것조차 전면적으로 포기하고 관료주의에 젖어 천편일률적인 방식으로 모든 것을 축소하는 것은 이상과 실상을 통틀어 유럽 대학의 설계자들이 과거 유럽 대학의 고유한 특성에서 얼마나 동떨어져 있는지를 보여준다.

---

* 유럽 대학의 철학부에서 6학기 이상 이수한 학생들을 대상으로 실시하는 일종의 중간시험이다. — 옮긴이

셸링에 이어 근대 대학의 가장 중요한 전통의 맥은 훔볼트가 주창하고 신인문주의에 기초한 '교육과 연구의 일치'로서 이 언명은 연구와 직업교육을 수행하는 다른 기관과 대비되는 대학의 본질적 특성으로 여겨졌다. 훔볼트는 1809~1810년에 작성한 비망록『베를린 고등 학문 기관의 내부·외부 조직에 관해(Über die innere und äußere Organisation der höheren wissenschaftlichen Anstalten in Berlin)』에서 학문 지형 전반에 걸쳐 새로운 질서가 확립되어야 한다고 강조했다. 훔볼트는 이 글에서 3개의 기관을 서로 구분했다. 즉, 순수한 연구기관으로서의 '아카데미', 연구와 교육의 장이자 실생활 및 국가가 요구하는 것과 밀접한 관련이 있는 조직으로서의 '대학', 마지막으로 아카데미와 대학이 활용하고 관할하는 곳으로 훔볼트가 이른바 '생기 없는 연구소'라고 일컬은 문서보관실(Archive), 박물관, 도서관 등이다.

훔볼트에 따르면 이와 같은 학문 기관은 인문계 고등학교인 김나지움 및 특수학교와 구분되는데, 즉 김나지움은 인문주의 기초 교육, 특수학교는 높은 수준의 직업인 양성 교육이라는 책임을 맡도록 한다. 훔볼트는 대학이 직업교육에 더 가까이 접근할 필요가 있다고 인식하고 있었지만, 그렇더라도 대학의 본질과 의미는 결코 직업교육에 있는 것이 아니라 학문에 대한 몰두, 말하자면 학문의 발전과 전달을 우선시해야 한다고 보았다. 이것만이 대학이 다른 연구기관 및 여타 학교와 구별되는 기준이라는 것이다. '이를 통해 교사와 학생의 관계는 이전과 달라진다. 교사는 학생을 위해 존재하는 것이 아니다. 교사와 학생 모두 그 존재 목적은 학문을 위한 것이다.'

따라서 훔볼트는 이러한 학문 정신 속에서 교수와 학생의 권리가 동등한 파트너십을 요구했다. 아울러 이를 위해 '자유와 고독'뿐만 아니라 이 과정에 참여하는 모든 사람에게 '끊임없이 늘 다시 활력을 불어넣는, 그렇지만 강제적이지 않으며 특정한 의도가 배제된 상호 협력'이 반드시 필요함을 유념해야 한다는 것이다. 사람들이 간혹 오해하는 것과 달리 훔볼트는 현실을 외면하고 상아탑에 갇힌 학자가 아니었다. 하지만 오늘날 연구의 중심이 결과를 도출하는 데 맞추어져 있고 지정해주는 과제에 매달리는 학자들의 네트워크 체계를 과연 (훔볼트가 말한) '강제적이지 않으며 특정한 의도가 배제된 상호 협력'에 부합하는 동료 학자와의 커뮤니케이션이라고 장담할 수 있을까? 훔볼트가 생각한 대학 교육의 전제는 궁극적으로 (물론 그에 부응하는 학생의 수는 극히 제한적이지만) 학문과 지속적인 학문 발전에 대한 올바른 관심이다.

> 진정한 학문을 추구하는 노력을 중단하는 바로 그 순간, 또는 학문이 정신의 깊은 곳에서부터 형성되는 것이 아니라 수집한 것들을 광범위하게 펼쳐놓는 것이라고 착각하는 바로 그 순간 모든 것은 돌이킬 수 없을뿐더러 영원히 잃게 될 것이다.[3]

우리는 훔볼트가 구상한 대학의 핵심적인 본질, 곧 '교육과 연구의 일치'를 추구하기 위해 근대 학문의 복잡한 구성 단계, 다양한 학문 문화들에 적합하고 시대에 맞는 현실적인 형태들을 발견할 수 있을 것이다. 하지만 대학에서 이 문제를 다루는 것을 보면 사실상 의미 없는 낭설

(Chronique scandaleuse)만이 들려올 뿐이다. 한편으로 대학의 경력을 연구 성과에 따라 편파적으로 판정하고 교육을 달가워하지 않는 활동이라고 폄훼함으로써 대학 내부에서 전통적인 (교육과 연구의) 일치를 가로막고 있다. 다른 한편으로 대학은 1970년대 교육개혁 이후 지속적으로 돌연변이를 겪다가 고등학교 수준으로 전락하고 말았다. 즉, 지식을 전파하고는 있지만 교육과 엄격하게 분리되면서 충분한 지식을 생산하지 못하고 있는 것이다.

그렇기 때문에 연구 기능을 (다른 곳으로) 이관하고 대학은 교육에 전념하라는 요구가 반복적으로 제기된다는 것은 대학이 항구적인 위협에 처해 있음을 보여주고 있다. 오늘날 유럽의 교육 현장에서는 미국식 모델이 부각됨에 따라 예산 지원을 받는 극소수 대학만이 '연구 중심 대학'으로 지정되고 그 밖의 대다수 대학은 직업교육 및 평생교육을 수행하는 곳으로 기능이 축소되고 말았다.[4]

교육과 연구의 일치가 와해되는 문제와 관련해 '볼로냐 모델'이 해법으로 제시되고 있지만 이 역시 대학을 내부에서부터 파괴할 뿐이다. 학문적인 명성을 거의 얻을 수 없는 학사(學士, Bachelor) 제도가 도입되면서 연구에 기초한 교육이 확립될 여지가 사라졌다는 사실은 아주 분명하다. 독일에서 대학에 지원해야 할 우수 연구 프로젝트들과 오스트리아에 설립된 엘리트 대학은 석사 과정이나 박사 과정을 수료한 다음에야 비로소 적용된다. 한때 대학의 본질로 정의되었던 '교육과 연구의 일치' 이념은 이제 대학 과정을 마친 후에야 실현할 수 있게 되었다. 교수에게서 인정받는 학생은 대학원 과정에서 공부하려고 노력할 것이다.

그리고 이와 같은 교육개혁의 필연적 결과로 교육에 중점을 둔 대학은 2등급 대학으로 전락하게 된다.

그러므로 공공 영역이 관심을 가져야 한다는 문제가 제기되는데 이 제도를 위해서는 막대한 재원(財源)이 소요되는데도 민간 투자는 턱없이 부족하기 때문이다. 훔볼트는 대학 문제와 관련해 국가에 분명하게 요구했다. 첫째, 국가는 학문 활동과 발전을 위한 재원을 '마련할 의무'가 있다. 둘째, 국가는 학문 기관들을 감독함으로써 대학이 자격에 맞는 교수를 임용하도록 한편으로 대학들 간에, 다른 한편으로 문서보관소와 아카데미 사이의 활발한 교류와 생산적인 경쟁이 이루어지도록 보살펴야 한다. 셋째, 이 밖에도 국가는 학문 영역에서 어떠한 영향력도 행사할 수 없다는 점을 명심해야 한다.[5] 그러나 유럽의 현 상황은 이와 같은 훔볼트의 사상과는 완전히 어긋나는 방향으로 치닫고 있다.

대학과 국가는 경제적이고 법률적인 차원, 그 외에도 원칙적인 차원의 관계에 있다. 바로 이러한 틀 내에서 최종적으로 학문의 공적인 성격이 결정된다. 보통 자연과학 및 공학 분야에서는 연구의 의미에 대한 합의가 이루어져 있다. 정신과학 및 인문학 연구를 위한 재정 지원, 구조 확충, 내용의 방향 설정, 기대할 수 있는 활용성에 대한 토론이 진행되면서 논쟁이 촉발되었다. 어떤 방식이든 연구는 항상 국가에만 의존하는 것이 아님은 분명하다. 민간 기업의 연구 성과도 정당성이 있을 뿐만 아니라 인정받을 만한 가치가 있다. 하지만 정반대로 경쟁력을 갖춘 국가 차원의 연구, 다시 말해 공공기관에서 지원하는 연구는 의학 및 자연과학 기초 연구 분야와 마찬가지로 특히 인문학 및 사회과학 분야에서도 대단히 필요하다는 것이 민주주의적인 정책이 요구하는 바라고 할 수 있다.

학문적인 지식의 성격은 밀교(密敎)적인 지식 형식과는 구별되는 특성을 나타낸다. 즉, 학문적 지식은 원칙적으로 누구에게나 열려 있는, 말하자면 공적인 성격이 있다는 점이다. 덧붙여 말하면 정책적으로 공공성을 대표하는 국가는 다음과 같은 점에서 학문적 지식의 성격을 고려해야 한다. 국가는 성과를 도출해낼 수 있고 동시에 민간의 이해, 예컨대 특정한 이해관계로부터 완전히 독립된 연구가 모든 중요한 영역에 걸쳐서 진행된다는 점을 보장해야 한다는 것이다. 이때 독립된 연구란 적어도 원칙적으로는 지식의 생산을 투명하게 유지하며, 경우에 따라서는 민간의 이해에 따라 수행되는 연구와 균형을 이루거나 그것을 제어할 수 있어야 한다. 그러므로 연구 정책을 그 명성에 걸맞게 추진하려면 연구의 자유를 방해해서는 안 될 뿐만 아니라 그것을 보장하고 촉진해야 한다.

지난 수십 년 동안 여러 분야에서 이루어진 이른바 '대학의 자율'은 얼핏 보기에는 교육과 연구의 자유에 대한 요구에 정확히 부응한 듯이 보인다. 적어도 교육을 위한 기본 설비와 핵심 분야를 고려해 그것을 확충할 예산이 책정됨으로써 대학들은 인력 및 학사 운영, 핵심 연구 분야에 대해 점점 더 자유로운 결정을 할 수 있게 되었다. 그런데 이 과정이 자율적으로 이행되는 바로 그곳에서 정작 당사자들은 자유의 범위가 넓어지는 것이 아니라 전 부문에서 협소해지고 있다는 느낌을 받는 것은 놀라운 일이 아닐 수 없다. 제도적으로나 경제적인 의미에서 자율성을 가진 대학은 더는 자유로운 대학이 아니다. '자율성'은 번번이 긴축에 초점을 둔 국가가 대학에 떠넘기는 '무책임한 행정'을 미화하는 용어일 뿐이다. 대학은 예산안 합의, 지식 자본 지표와 유럽에 맞는 목표들을 결정하는 현안에 관해 예나 지금이나 정치에만 맡긴 것은 아니다. 외부 연구비 지원 주체, 전권 대리 기관, 평가 전문 기관, 대학 평의회를 통해 민간의 이해관계 역시 점점 더 대학의 현안 속으로 들어와 정책 결정권을 행사하고 있다. 탈(脫)국가화라는 지배적 이데올로기가 여기서 뚜렷한 흔적을 남기고 있는 것이다. 시장이 개입하고 정치적인 통제 기능을 비공식적인 미디어 공공성이 떠맡음으로써 '학문적인 호기심을 억누르는'[6] 현상으로 이어졌다. 혁신이라는 마법에 중독된 사회에서 학문적인 호기심 따위는 비생산적인 것으로 치부될 수 있기 때문이다.

국가 관료주의에 길든 대학을 상대로 한 통제 및 조종 메커니즘의 양상이 이제는 달라졌다. 그 메커니즘이 내면화된 것이다. 이로써 교육 당국이 직접 통제했던 과거와는 달리 이 메커니즘은 드러나지 않게 되었다. 항구적인 통제, 즉 공개적인 지배 관계 및 권력 관계 대신 사회의 발전을 이끄는 다른 영역이 주도하는 통제에 의해 조직이 자기 스스로를 조종하게 한다는 구상은 대학에서 가장 노골적이고도 가장 역설적인 방식으로 펼쳐지고 있다. 대학은 늘 변함없이 스스로를 성찰의 중심으로 여기고 있지만 정작 대학에서 일어나고 있는 일들에 대해 성찰하기를 거부하고 있기 때문이다. 거의 모든 조종 및 통제 방식은 대학의 내적인 필요성과 구조에서 발전된 것이 아니라 외부로부터, 특히 기업 컨설팅 및 이와 연계된 경영 기법에서 넘겨받은 것이다.

불과 수년 전만 하더라도 사회의 발전 양상을 비판적으로 개념화할 수 있다고 확신하던 학자들이 경영 혁신이라는 희한한 용어에서 따온 어리석기 그지없는 허풍에 무기력하게 투항해버렸다는 사실은 참으로 놀라운 일이다. 대학에서 가르치는 사람들이 교수법 역량을 향상시킨답시고 심리학 전공 중퇴자인 기업의 상담원을 찾는 행태를 보고도 이상하게 생각하는 사람이 아무도 없다. 교수나 강사 후보자들이 학습평가센터(Assessment Center)에서 면접을 치르는 모습을 보고도 아무도 불쾌하게 여기지 않으며 [블렌디드 러닝에서 다양성 관리(Diversity Management)와 '지식 자본 지표'에 이르기까지] 기업 이데올로기로 넘실대지만 사회에서도 안 팔리는 재고품을 최신 상품인 양 대학이 구매하는 모습을 보고서도 아무도 고함치지 않는다. 이러한 사례들은 시류에 맞서는 '제도화된 학문'의 저항력이 어떤 모습인지 여실히 보여주고 있다. 말하자면 학문의 저항력은 이미 없는 것이나 마찬가지이다.

지난 세기, 대학이 정치화되고 이데올로기화되어 나타난 비극이 지금은 대학이 경제화된 모습으로 반복되고 있다. 그것은 차라리 광대극(Farce) 같다. 유럽의 고등교육개혁이 시행되면서 따라붙는 거창한 말들은 이 광대극을 잊게 할 만큼 위안을 주지 못한다. 어쩌면 볼로냐 프로세스의 결말은 이 광대극을 다시 사회정책적인, 그리고 교육정책적인 비극으로 끝맺게 할 개연성이 크다.

07

엘리트 교육과 반(反)계몽

　모든 일이 순조롭게 진행된다면 수년 내에 유럽에는 학술 엘리트 기관, 우수 연구 단지, 기술 연구소, 첨단 연구 기관, 세계 수준의 대학이 즐비하게 들어설 것이다. EU가 유럽기술연구소(EIT: European Institute of Technology) 창설을 예고하고, 독일도 몇몇 대학을 선발해 좋은 프로그램을 갖추게 할 것이며, 신경 치료 기관이 있던 마리아구깅에 몇 년 안에 오스트리아 기술과학연구소(ISTA: Institute of Science and Technology Austria)라는 이름으로 엘리트 대학을 유치할 예정이다. 이쯤 되면 유럽 대륙의 미래는 더 걱정할 필요가 없을 정도이다. 유럽 교육정책 입안가의 계획대로 순조롭게 진행된다면 하버드대학은 곧 낡은 대학이 될 것이고 매사추세츠공과대학(MIT) 역시 세계적인 대학으로서의 위상을 잃

게 될 것이며 싱가포르에서 알프스 북쪽 지역으로의 두뇌 유출이 급속
도로 진행될 것이다. 경쟁력만 갖추면 유럽의 새로운 학문 엘리트는 '상
징 분석가나 지식 노동자'로 이루어진 특권 계층의 역동적인 핵심 인력
이 될 것이다. 수많은 현대화 예찬론자의 유토피아적 생각에 따르면 미
래는 이들의 것이다.[1]

　　교육정책에 관한 담론에서 이데올로기의 공허한 미사여구가 아니라
실제로 주목할 만한 정책 변화가 감지되고 있다. 제2차 세계대전 이후
교육 전문가들의 어록에서 자취를 감추었던 '엘리트'나 '우수 인력' 같은
개념이 수년 전부터 그들의 수사(修辭) 속에 확고하게 자리 잡았을 뿐만
아니라 엘리트 교육기관의 구상에 문제를 제기하는 어떠한 비판도 더는
용납하지 않겠다는 뉘앙스까지 풍기고 있다. 기록이나 탁월한 업적을
쌓기를 열망하는 사회는 학문도 역시 이러한 원칙에 따라 구성되어야
한다고 생각한다. 빅 사이언스(Big Science)*에 관한 보고서나 전 세계
적으로 영입 구애를 받는 탁월한 연구자들은 챔피언스 리그(Champions
League)에서 오가는 이적료에 대한 뒷이야기를 다루는 신문기사에 점점
더 많은 관심을 기울인다.

　　일반적으로 이와 관련해서는 자연과학, 기술공학, 클론 연구가, 분자
생물학자, 양자역학자, 생의학자, 나노 공학자를 떠올리게 된다. 이것은
응용 가능성 및 이익 창출 능력과 밀접한 관련이 있는 분야만을 중시하
는 오늘날 학문의 실상을 여실히 보여주는 대목이다. 인문학의 불행은

---

* 많은 과학자, 기술자, 연구기관을 동원해서 수행하는 선도적인 대규모 연구 개발이다. ―
　옮긴이

많은 비용이 없어도 가능하다는 데 있다. 외부 연구비 수혜가 학문의 질을 좌우하는 기준이 된다면 생각할 수 있는 머리만 있으면 되기 때문에 그러한 연구비가 필요 없는 인문학자는 실패자 취급을 당한다. 이 때문에 교수 한 명과 조교 인건비만 있으면 운영되는 소규모 연구소조차 비용 문제로 문을 닫아야 하는 실정이다. 반면 애초 계획을 잘못 수립해 설립된 기술공학 연구소가 수억 유로를 날려버렸다는 내용은 전혀 심각하게 여기지 않는다.

학문적으로 탁월한 업적을 달성하기 위해 노력하고 성심성의를 다해 지원해야 한다는 구상은 옳지만 우수 학문, 핵심 학문, 엘리트 학문을 집중 육성하는 것이 마냥 달갑지만은 않은 것은 그 이면에 파괴적인 광신주의가 숨어 있고 궁극적으로 그러한 구상이 연구를 촉진하는 것이 아니라 주어진 목적의식에 따라 학문을 계획하려 하기 때문이다. 예컨대 가까운 미래에 시장이 형성될 만한 분야에 투자하고 랭킹에 들기 위해 연구소 평판을 높여줄 '최고 인재'를 영입하며 이를 위해 필요한 자금을 공급한다. 하지만 부득이 이와 다른 것들은 모두 밀려나고 만다.

투자가 이처럼 탁월한 업적에만 집중되는 것이 대학의 일상에 아무런 영향을 미치지 않을 것이라 믿는다면 순진하기 짝이 없다. 엘리트 학문이나 우수 학문만을 집중적으로 지원하면 일차적으로 달갑지 않게 여기는 연구 분야나 비인기 학문 분야는 고사(枯死)하고 말 것이며, 그 다음에는 능률이 떨어진다는 이유로 폐쇄하는 단계에까지 이를 것이다.

항상 그랬듯이 엘리트의 반대말은 평범한 국민이다. 학문에서도 이것은 다르지 않다. 응석꾸러기 선도 연구소 맞은편에는 경쟁력이 없다는 오명(汚名)을 안고 생존해야 하는 빈곤한 대학들이 있다. 이제 이들 대학은 모두 파문당한 사람들의 눈길로 자신만만한 이 신흥 엘리트 대학들을 바라보고 있다. 대학이 엘리트와 엘리트 기관이 되려고 집착하는 것은 충분히 이해가 되는 그럴 만한 사정이 있는데 그 사정은 몇 문장으로 간략하게 요약할 수 있다. 그것은 지난 수년간 이루어진 개혁으로 절망적으로 황폐화된 후 대학이 다른 이름으로 새롭게 태어나야 하기 때문이다.

그런데 눈에 띄는 현상은 적어도 지난 수년간 줄기차게 대학에 요구했던 것을 새로운 엘리트 대학에는 전혀 요구하지 않는다는 사실이다. 다시 정의하면 엘리트 대학들은 많은 강좌를 개설할 수 있는 대중 교육 기관이 아니다. 이 대학에서 육성되는 인재들은 이미 대학을 졸업했거나 탁월한 성적으로 졸업한 후에도 계속 전공 분야에서 연구할 수 있도록 우대받는 자연과학자들뿐이다. 행정 기능이 간소화되어 행정, 기획, 위원회 참여, 연구비 지원, 온갖 통계 서류 작성 등 대학에서 일상적으로 견딜 수 없게 만든 일체의 잡무를 이 엘리트 연구자들은 당연히 면제받고 있다. 이 엘리트 대학에서 통용되는 것은 과거에는 헛된 것이라고 대학에서 추방했던 것, 즉 연구에 필요한 시간과 자유이다.

대학에서 활동하는 사람이 바라는 것은 딱 하나뿐이다. 단 한 번만이라도 일체의 강요나 규정에 얽매이지 않고 조용히 성찰하고 연구하며 실험하고 집필하는 것이다. 학술서 머리말에 최소한 몇 달 동안이나마 대학의 일상에서 해방시켜준 기관과 동료, 단체에 전하는 감사의 말로 가득 차 있다는 것은 결코 이상한 일이 아니다. 그래서 목표와 업적을 중심으로 운영되던 대학에서 오래전부터 행해졌던 무의미한 짓들이 이들 엘리트가 일하는 곳에서는 전혀 적용되지 않는다.

한마디로 말해 최소한 연구와 관련된 것, 즉 훔볼트의 이념에 따라 대학의 임무로 일컬어졌던 것들과 수십 년 동안 케케묵고 반동적이며 구태의연하고, 더는 시대에 부합하지 않은 것으로 폄훼되었던 것들 가운데 몇몇 사항이 엘리트 대학에서 다시 인정받고 있는 것이다. 모든 대학에서 이러한 상황이 확고히 자리 잡을 수 있기를 바라며 대학 개혁의 거부자로 낙인찍혔던 사람들이 이 현실을 안다면 분노할 수밖에 없을 것이다. 그 밖에도 교육의 역할을 거의 수행하지 않는 순수 연구 기관들이 엘리트 대학이라 불리는 것도 단순히 사기가 아니라 근본적으로 대학을 연구와 교육을 수행하는 학술 기관으로 인식하는 기존 관념을 서서히 떨쳐버리려는 의도를 암시하는 징후이다.

전통적인 대학들이 다소 부족한 자원으로 취업을 준비하는 직업교육 기관으로 망가져가는 동안 인문주의 대학 이념은 경쟁에 기초한 신자유주의적인 사고에서 비롯된 엘리트 중심의 관념에서 탈출구를 찾고 있다. 헤겔은 이러한 불쾌한 상황을 '이성의 간계(List der Vernunft)'라고 일컬었다.

대학 개혁이 시행되기 이전에, 즉 그나마 제 역할을 수행하던 당시에도 대학을 다닌 학생들 가운데 정확하게 3~4%만이 학문을 위한 기본 교육을 받는 혜택을 누렸다. 온갖 유형의 석사 학위 인플레이션으로 또다시 높은 학벌이 미화되는 것은 현대의 교육정책이 저지른 가장 심각한 사기 행각이다.

엘리트 초빙은 뛰어난 학자에 대한 열망을 나타내는 것일 뿐만 아니라 대학의 성격이 변질되었음을 드러내는 것이다. "누구나 대학에 갈 수 있다", "해방", "민주화" 같은 슬로건 아래 대학에 강요했던 프로그램들이 결국 대학을 사면초가 상태로 몰아넣은 것이다. 이것은 이 프로그램들과 연관된 사회정책 및 교육정책 구상이 명백히 잘못되었기 때문이 아니라 부족한 재원과 조건 안에서 무리하게 이 구상을 실현하려 했기 때문이다. 대학이 개방되자마자 분명하게 드러난 것은 대학의 문호를 넓힘으로써 막아보려고 애썼던 파국이 더 첨예화되고 깊이 뿌리내렸다는 점이다. 대학 시설은 형편없이 나빠졌고 학생 수의 증가로 대학은 괴물 같은 관료 집단으로 변질되었으며 이데올로기상으로는 공동 결정 제도를 갖추었지만 실제로는 복잡한 정치적 이해관계나 재원 부족, 수용 한도 초과로 완전히 마비되는 상황에 이른 것이다.

하지만 이와 관련한 여러 문제에 대해 적절하게 대응했다면, 대중대학(Massenuniversität)*을 떠도는 공포의 유령이 주는 두려움은 훨씬 줄어들었을 것이다. 한 대학에서 수천 명이 공부하고 있는 사실 자체가 비극은 아니다. 오늘날 염원하는 앵글로색슨계 '캠퍼스 대학', 즉 소수 학자 및 소수 전문가가 긴밀한 정신 공동체를 형성하는 대학의 낙원은 학생들로 강의실이 넘쳐나는 대학 현실에 대한 낭만적인 대립 상에는 어울릴지 모르지만 대규모 대학의 이상을 훼손할 정도는 아니다. 교수가 충분히 확보되어 있다면 대중대학에서도 학생 지도를 훌륭하게 해낼 수

* 연구 중심의 엘리트 대학이 아니라 주로 온라인 교육을 통한 직업교육에 초점을 둔 대학이다. ― 옮긴이

있다. 강의나 행정에 대한 부담이 적절히 분배되고 필요에 따라 위임된다면 대중대학에서도 최고 연구를 수행할 수 있다. 학생들의 관심을 끌만한 유익한 세미나가 충분히 열린다면 대중대학에 다니는 재능 있고 열정적인 학생들도 얼마든 자기 능력을 발휘할 기회를 얻을 수 있다.

이와 달리 대규모 대학에는 캠퍼스 대학에서 찾아보기 힘든 장점이 있다. 교수가 많기 때문에 여러 방법론에 관한 유익한 논쟁을 즉각 펼칠 수 있으며 다양한 연구나 수많은 연구 분야를 광범위하게 다뤄 학문의 종합(Universitas litterarum)이라는 오래된 요구에 새로운 생명력을 불어넣을 수도 있다. 특히 대중대학은 대도시의 매력인 익명성을 보장해줄 수도 있다. 학생들로 가득 찬 대강당보다는 소수 인원이 들어와서 쉽게 알아볼 수 있는 작은 공간이 더 통제하기 쉽다. 지속적인 지도나 보호보다는 익명성에서 많은 것을 펼칠 수 있다는 정서야말로 자유로운 정신을 위해 더 필요한 것이다.

대중대학 경영자들은 많은 학생을 가능한 한 문제없이 좁은 길로 안내하는 것을 유일한 목표로 설정함으로써 다양한 능력을 잃어버리고 말았다. 이로써 대학은 주어진 상황에서 대학의 수준을 떨어뜨리거나 학문성을 상실하는 대가를 지불해야 했다. 이러한 흐름에 저항하거나 대학 본연의 역할을 대학에 되돌려주는 대신 엘리트 연구소만을 요구하고 있다. 그러나 이러한 요구가 얼마나 뻔뻔하고 이데올로기의 허풍인지를 여실히 보여주는 사례는 대학을 단순히 취업 교육 기관으로 전락시킨 총장들이 이 연구소 설립 추진위원회에 앉아 있다는 사실이다.

설령 이러한 상황을 어쩔 수 없는 것이라고 여긴다 치더라도 도대체

왜 우리는 '엘리트' 개념에 새삼스럽게 매혹되는가? 대학 개혁이 실패했다고 솔직하게 인정하고, 그래서 자유롭게 연구할 수 있도록 (최소한 학문 분야에서도 시장의 기회를 제공해) 비록 규모는 작지만 좋은 시설을 갖춘 연구소를 설립해달라는 요구로 어째서 만족하지 않는가? 대부분의 대학에 속한 고등 직업학교(취업 중심 대학)와 실제로 강의 및 연구의 통합을 지향하는 교육과정을 설치한 연구 중심 대학을 어째서 구분하지 않는가? 왜 대학 개념을 직업교육으로 확장하려들면서도 그와 동시에 엘리트 및 우수 연구 인력을 초빙하려드는가?

사람들이 이 오래된 개념에 애정을 갖게 된 데에는 학술 정책 및 연구 정책, 사회 정책적인 계기가 있다. 엘리트는 항상 공동체(선발된 자들의 공동체)로만 생각될 수 있었다. 여기서 일단 누가, 어떠한 기준으로 이 선발 작업을 하느냐 하는 문제를 제쳐둔다면 엘리트 교육에서는 다른 사람들 모두와 뚜렷이 구별되는 차이로 구성된 사회 집단을 만드는 것을 중요시한다. 그것은 개념적으로 평범한 사람들이 엘리트들보다 능력이 떨어진다고 여기기 때문이다. 엘리트 교육자들은 맡은 역할을 잘 수행하고 훌륭한 성과를 낼 이들이 엘리트라고 생각했다. 게다가 어느 누구도 탁월한 학문적 업적을 올렸다고 해서 곧 사회 특권층이 될 것이라고 생각하지는 않을 것이라 믿었다. 그러나 엘리트 교육자들의 이런 안일한 확신은 동화처럼 헛된 것이다. 맡은 역할을 잘 수행하는 엘리트 대학들은 연구와 강의를 위한 훌륭한 공간뿐만 아니라 사회 구성원들을 배출하고 재생산하는 공간으로서의 역할을 수행한다. 그러나 엘리트 대학에서 배출되는 사람들은 우리가 그들에게 바라고 요구하는 지성을 갖춘 인재와는 전혀 무관하다.

학문의 국제화는 세계적으로 일어나고 있는 사회 분화 과정이다. 이 과정에서 소규모 계층과 다른 계층이 뚜렷이 구별되는데 이 계층의 구성원들은 보통 자기들끼리만 의사소통을 하고 평가를 주고받는다. 그리고 경쟁을 벌인다지만 실제로는 형식적인 의례와 친분을 통해, 서로 도움을 주고받는 관계를 형성함으로써 배타적인 공동체를 형성한다. 게다가 제도화된 엘리트 교육은 학문의 발전에 특별히 도움이 되지도 않는다. 그것은 엘리트들이 사회나 지성계가 자기들을 따라야 한다고 비공식적으로 압력을 행사하고 학문의 혁신을 일으키기 위해 항상 필요한 비(非)정통적이며 비(非)주류적인 인재들의 활동을 방해하기 때문이다.

'지식 엘리트' 구상은 근대 이후 강령의 차원까지 도달한 학문의 공적인 특성, 모름지기 학문은 계몽에 이바지하고 계몽의 결과를 이끌어야 한다는 학문의 공공성과 기대를 급속도로 축소시켰다. 엘리트들은 사회와 접촉하기를 피하고 자기들끼리 사용하는 언어를 통해 앞서갔다. 영어가 유일한 학문 언어(Wissenschaftssprache)로 급속하게 뿌리내리고 있는 추세를 순전히 '언어 제국주의'[2]라고 폄훼할 필요는 없다. 따로 영어를 배워서 습득해야 하는 사람에 비해 모국어 사용자(native speaker)가 경쟁에서 누리는 장점이 있는 것은 분명하지만 영어가 의사소통을 편리하게 해준다는 점도 간과할 수 없다. 그러나 각 민족의 언어가 학문의 언어가 될 수 없을 정도로 계몽주의에서, 그리고 계몽주의를 통해 과거에는 학문 언어였던 라틴어를 민족 언어로 대체했던 계기가 폐기되었다는 사실을 외면해서도 안 된다.

17세기 후반 크리스티안 토마지우스(Christian Thomasius)가 요구했던 학문은 엘리트 학자 집단[3]만이 아니라 모든 사람을 위한 것이었다. 그리고 이마누엘 칸트에게도 학문은 그가 '이성의 공적인 사용'이라고 일컬었던 것[4]과 불가분의 관련이 있는 것이었다. 국제화를 촉진하기 위해 이제 비영어권 국가에서도 영어로 진행하는 학위 과정이 점점 늘어나고 있다. 그렇지만 이러한 흐름에는 학문, 기술, 경제, 정치, 법 등 중요한 분야에서 모국어로 표기된 개념들이 사라질 위험이 도사리고 있다. 어떤 전문가가 오직 영어로만 익숙한 개념에 상응하는 모국어 어휘를 찾지 못해 당황하는 모습을 봤다면 이 상황이 어떠한 결과를 초래할지 예상할 수 있을 것이다. 먼저 그가 해당 어휘를 찾지 못하면 그에 상응하는 독일어가 있다는 것을 모르게 될 것이며, 그렇게 되면 그 어휘는 더 존재할 수 없게 될 것이다.

이러한 발전이 학문 공동체에는 분명 이점(利點)이지만, 그 반면에 다른 유럽 언어들이 과학, 기술, 경제, 법 등 현대사회의 핵심 분야를 적절한 용어로 표현할 능력을 잃게 된다는 것을 의미하기도 한다. 이것은 해당 유럽 언어에 그에 상응하는 어휘가 없는 것이 아니라 특정 목적에 초점을 맞추다 보니 그 언어가 완전히 축출되거나 더 발전할 수 없기 때문이다. 언어학은 이러한 현상을 언어의 "영토 상실"이라 일컬으면서 "필요한 전문 언어의 지속적인 발전이 잘 이루어지지 못하기 때문에 일어나는, 모든 지식 분야에서 자국어로 의사소통할 수 있는 능력의 상실"[5]이라고 정의했다.

오해를 피하기 위해 덧붙이거니와 여기에서 중요한 사실은 외국어를 배척하는 편협한 언어 순수주의를 옹호하려는 것이 아니다. 문제는 유럽의 많은 언어가 현대 생활의 중요한 분야를 자국어로 표현하는 능력을 잃고 있다는 점이다. 이 문제는 북유럽의 소수 언어에만 해당되지만 독일어나 몇몇 로망어 계통 언어로 점점 확대되고 있는 상황이다. 오로지 순수문학만이 민족 언어를 세련되게 구사할 수 있는 영역으로 남는다면 정작 순수문학조차 문화를 통합하는 역량을 잃게 될 것이다. 장차 작가가 되려는 사람에게 일류 작가가 되고 싶으면 당장 영어로 소설을 쓰라고 충고할 날도 얼마 남지 않았다. 그 결과, 오랜 역사를 지닌 유럽의 민족 언어들은 한낱 방언으로 전락하고 말 것이다. 그렇게 되면 민족 언어는 평범한 일상사들이나 표현하는 언어로만 남을 것이다. 그리고 고상한 영역이나 전문 영역, 특히 학문 영역에 해당하는 어휘를 찾지 못해 사람들은 언어를 바꾸게 될 것이다.

이러한 상황은 새삼스러운 것도 아니다. 라틴어는 오랫동안 교회의 언어이자 학문 언어로서 군림했고, 그다음에는 프랑스어가, 동유럽에서는 독일어가 엘리트 언어로서 이와 같은 위상을 누렸다. 지금까지 고상한 분야에서 통용되었던 언어들이 향유했던 우월감은 해당 언어를 지배의 도구와 차별의 특질로 삼았던 사회 집단의 우월감과 늘 접목되어 있었다. 그런데 오늘날의 영어는 어쩌면 라틴어나 프랑스어가 지배하던 시절보다 훨씬 더 많은 사람을 지배한다고 해야 옳을 것이다. 하지만 영어가 모든 사람에게 '국어'가 되지 않는 한 (이것은 대단히 불확실한 이상이지만) 영어가 누리고 있는 우월적 패권은 다른 민족 언어의 전통에 비해 영어를 선호하는 언어문화와 사유 문화가 확립되었음을 의미하는 것이기도 하다.

그러나 이러한 상황이 세계화 과정에서 비롯된 어쩔 수 없는 현상임을 감안하더라도 특히 독일어권에서조차 학문 언어나 직업 현장의 언어로서의 독일어를 없애기 위해 혈안이 되는 모습을 보면 놀랍기만 하다. 마치 이것은 수많은 독일인과 오스트리아인이 오랫동안 염원했던 것, 즉 민족주의와 독일 정신의 오점에서 벗어나고자 하는 소망이 이를 통해 궁극적으로 구현되고 있는 듯하다. 직장이나 사적인 대화에서도 점점 영어 사용을 선호함으로써 사람들은 자신이 세계 문명 시민이라는 것을 증명하고자 한다. 마치 자신은 편협한 다른 대중과는 완전히 다르며 모든 형태의 독일 특유의 반동적인 국수주의에서 자유로운 사람인 듯 말이다. 이러한 의도는 역사적인 관점에서는 타당한 근거가 있으며 또 존중받아 마땅하다. 그렇지만 이러한 태도는 자기 정체성에 대한 혐오에서 비롯된 것처럼 보일 수도 있다. 그런데 이 혐오는 자기 자신을 아주 고루하고 어두운 것에 극도로 취약한 부정적 존재라고 생각하는 자기혐오가 될 수도 있다.

물론 타당한 근거를 내세우고 있지만 이러한 현상이 두드러지게 나타나는 상황에서 최소한 인문학 분야에서만이라도 독일어를 학문 언어로 유지하려는 독일 학술자문위원회의 최근 노력은 어쩌면 부질없는 일인지 모른다. 이러한 흐름이 얼마나 극적으로 진행되었는지 1980년대 후반 한스 게오르크 가다머(Hans Georg Gadamer)가 주장한 내용을 보면 분명히 드러난다. 당시 가다머는 자연과학에서는 통일된 언어의 기능성과 필요성을 인정했지만 인문학에서는 이러한 요구를 단호히 거부했다.

유럽 민족 언어의 다양성은 인류의 문화생활에서 인문학 및 인문학이 담당했던 역할과 아주 긴밀한 관계를 맺으면서 성장했다고 말할 수 있다. 비록 그것이 실용적이라 할지라도 자연과학 연구 분야에서 이미 오래전에 시작된 것처럼 인문학에서도 하나의 국제적인 통용어로 이 문화 세계를 통일할 수 있을 것이라고는 결코 생각할 수 없을 것이다.[6]

인문학에서도 어느덧 아무 저항감 없이 영어를 학술대회나 회의의 공식 언어로 받아들이고 있다. 이런 현상은 가다머가 지적할 당시만 해도 명확했던 언어, 문화, 역사의식, 성찰 능력 사이의 연관성을 인식해야 한다는 의식이 이제는 사라졌음을 의미한다. 특히 독일어권 인문학은 국제화라는 환상에 눈이 멀어 민족적이거나 민족주의적인 사고방식이라는 오명만은 뒤집어써서는 안 된다는 걱정에만 사로잡혀 이러한 전환 과정 자체를 비판적인 성찰 대상으로 삼으려는 노력을 포기하고 말았다. 외국어로 말하고, 쓰고, 사유할 수밖에 없는 상황에서 정확성, 인식, 분별력을 잃을 수밖에 없다고 불평하는 것은 대단히 촌스러운 것으로 치부되곤 한다. 사람들이 이에 관해서 문제를 제기하지 않는 것은 세계 엘리트가 될 전망이 보이는데 굳이 '촌구석 유럽'에 머무르려 하지 않기 때문이고 무엇보다 문화의 다양성을 고려하지 않으려 하기 때문이다. 그래서 문화 다원주의를 지지하는 말도 보통 하나의 규범화된 통일 언어로 나온다.

지식 엘리트들은 독창성이나 창조성이 아니라 먼저 영어를 사용한다는 표면적인 특질을 통해 스스로를 부각시키려 한다. 엘리트를 상징하는 모든 표시가 그렇듯이 이것도 상당히 우스꽝스러운 특징이 아닐 수 없다. 독일에서 개최된 학술대회에서 독일인 발표자가 자신의 국제성을 입증하기 위해 독일어를 하는 청중 앞에서 영어로 발표한다면, 흡사 오스트리아 문학사(文學史)를 주제로 프로젝트를 신청한 연구자가 신청서를 영문으로 작성해야 하는 것처럼 정녕 이해할 수 없는 짓이다. 오스트리아의 어느 대학이 화장실을 뜻하는 영국식 표현 'WC' 대신에 미국식 표기인 'restroom'으로 표시했다고 해서 국제화에 도움이 될지는 불확실하다. 최종 학위, 학위 과정, 학부 명칭, 박사 학위 과정 프로그램과 연구 프로젝트 명칭을 영어로 표기하면 진짜 세계 최고 명문 대학이 되는 건지, 아니면 그저 그렇게 믿도록 속이는 것인지는 따져볼 일이다. 예컨대 외국 출신의 엘리트 연구자에게 빈대학을 일컫는 'Universität Wien'의 의미를 정확히 아는 언어 능력을 기대할 수 없기 때문에 부득이 (잘못된 지방색을 내세우려는 것은 아니지만) 과거 'Alma Mater Rudolphina'라는 라틴어 명칭을 적어도 공식적인 서신에서는 'University of Vienna'로 병기할 수밖에 없다. 우상(偶像)의 자리로까지 격상된 영미식 학문 문화에 대한 이러한 비굴한 태도가 언어의 백치 상태를 바탕에 깔고 있다는 것은 비록 의도하지 않았지만 무수히 많은 그 역사의 핵심이기도 하다.

하지만 이것은 어느 정도 세계화의 결과 비용 정도로 치부할 수 있는 일체의 부조리 현상 가운데 극히 일부분이자 사소한 예에 불과하다. 정말 심각한 문제는 가다머가 주장했듯이 언어와 문화의 관계가 와해되고 있는 흐름의 실체에 대해 이제는 그 누구도 문제를 제기하지 않는다는 것이다. 프리드리히 니체가 『인간적인, 너무나 인간적인』에서 지적한 것처럼 외국어를 습득한다는 것은 생각 대신 언어로 기억을 채우는 것이다. 니체는 "도끼로 모국어의 섬세한 언어 감각을 뿌리까지 잘라버리는 것이다. 이로써 그 언어 감각은 치유할 수 없을 정도로 상처를 입고 초토화되고 만다"라고 했다. 니체는 이렇게 덧붙인다. "위대한 문장가를 배출한 두 민족, 그리스인과 프랑스인은 외국어를 배우지 않았다."[7]

하지만 이와 동시에 니체는 사해동포주의(Kosmopolitismus)와 전 세계적으로 통일된 통용어의 필요성을 옹호하기도 했다. 그렇다고 해서 니체가 이러한 흐름 때문에 치러야 할 대가를 몰랐다는 것은 아니다. 그럼에도 새로운 국제 표준 언어를 확정함으로써 문체, 섬세한 감정, 풍부한 뉘앙스를 표현하는 능력을 잃고 사유와 글쓰기의 질이 어떠한 의미를 갖는지에 대한 논의가 불가능해졌음은 불 보듯 훤하다. 새로운 지식 엘리트들이 때로는 자기 존재를 남에게 보여주는 식으로 획일적으로 증명하라고 강요받는 것을 인정하면 이런 엘리트들의 위상은 금이 가게 된다. 왜냐하면 이들이 누리고 있는 위상은 점점 외부 속성이나 태도 덕분이며 반드시 사유해야 한다는 의무감도 그다지 느끼지 않기 때문이다.

여러 인문학 분야에서 엘리트 혹은 탁월한 인재의 개념은 또 다른 술책을 내포한다. 응용 가능한 자연과학 연구와 달리 인문학의 활용성은 제품이나 기술에 있지 않다. 즉, 제품이나 기술을 이용하기 위해 반드시 자연과학의 학문적인 토대를 연구할 필요는 없다. 인문학의 활용 가치는 오히려 그 학문 자체의 공적인 영향력에 있다. 플라즈마 모니터를 구입했다고 그 기술의 발전에 이르는 연구 과정을 전부 이해할 필요는 없다. 하지만 (유전공학부터 성별 구분에 관한 연구까지, 경제학부터 매체 이론까지) 사회적으로 중요한 의미가 있는 학문 이론이나 지식에 관해 논의할 때에 이 담론에 참여하지 않거나 현안과 관련한 정치적인 결정에 동참하지 않는 시민이라면 금치산 선고를 받게 될 것이다.

외국 출신 시민을 대상으로 한 조세 부과 계획을 논의하는 재정학자들도 자기 연구 분야와 관련된 사람들과 대화를 하고 논쟁을 벌이는 것을 더는 중요하게 생각하지 않는 엘리트들이다. 이들은 비즈니스 영어로 대화를 주고받는 데다 조세 대상자들은 외국어를 쓰기 때문에 자신의 권리를 방어하기도 힘들다. 사회학이나 역사학에는 이런 반(反)계몽주의적인 충동이 구조화되어 있기 때문에 자기 연구의 대상이 되는 공동체의 이해도 더는 구하지 않는다. 학술 전문 용어가 이해하기 어렵다는 비판, 즉 학술 활동을 위해서는 필요하지만 이에 관심을 가진 일반 대중에게 적절하고 쉽게 정보를 전달하지 못한다는 비판은 일반인들이 느끼는 혼란을 영어로 은근슬쩍 덮고 넘어가려는 전문가들의 태도에도 적용된다.

인문학은 역설적인 상황에 직면해 있다. 즉, 인문학의 학문적인 탁월함은 오로지 국제 평가 카르텔의 표준에 따라 가늠되지만, 이와 동시에 출판 활동이나 공적인 활동을 통해 유용성을 증명해야 한다. 이러한 과제를 수행한다 하더라도 인문학은 구제받기 힘들 것이다. 국제적으로 최고의 평판을 받았다 할지라도 유구한 역사학 연구소와 철학과는 폐쇄되기를 면하기 힘들고, 탁월한 출판 실적을 쌓은 인문학자도 국제화 역량이 부족하다는 비판을 받을 것이다. 그렇다면 차라리 시류와 부침(浮

沈)에 편승하는 대신 본질에 집중하고, 그렇게 해도 어쩔 수 없다면 사라지는 편이 더 나을지 모를 일이다.

엘리트나 우수 학자에 관해 이야기하면서 인문학이나 문화학 분야를 염두에 두는 사람은 아무도 없다. 제아무리 혁신적이고, 성실하며, 인정받을 만한 성과를 올려도 인문학에서 기대할 수 있는 유일한 부가가치인 '이데올로기 서비스'를 받을 수 있다는 전제에서만 우수 학자 프로그램에 선정될 기회를 얻을 수 있을 뿐이다. 독일 대학에서 벌어지고 있는 연구비 수혜 경쟁에서 첫 관문을 통과한 4개의 인문학 및 사회과학 프로그램 가운데에는 '매체: 물질적인 조건과 문화적인 실천', '사회 통합의 문화적 토대' 같은 기발한 제목의 프로젝트를 발견할 수 있다. 시류의 흐름과 '우수 연구'의 이러한 밀접한 유착 관계는 엘리트 세계에서 어떻게 해야 순수 인문학 연구가 기회를 얻을 수 있는지 말해준다. 인문학 연구 자체가 기술 중심의 자연과학에 지배당하고 있는 것이다.

유럽 학문이 세계적으로 인정받을 수 있는 유일한 것은 오로지 기술 공학연구소뿐이기 때문에 유럽 대륙에서는 이 분야에서 지식 엘리트들을 육성하는 데 대부분의 노력을 기울여야 한다는 환상에 온통 사로잡혀 있다. 이러한 시도가 나쁜 평을 받는 것은 연구 활동들을 결집해 서로 협력하게 하고 최적의 연구 조건에서 가능한 한 최고의 환경을 조성하려 하기 때문이 아니라 학문적인 명성을 제도판(製圖板) 위에서 기획하고 EU 규정이나 회원국의 법률을 통해 얻을 수 있다고 믿는 우매한 생각 때문이다. 엘리트 교육자들이 학문과 얼마나 거리가 먼 사람들인지는 특히 이러한 요구에서도 입증된다. 그들은 교육과 학문 연구의 기본 환경을 개선하기 위해 최선을 다하는 것으로는 만족하지 않는다. 이들은 여기에서 경쟁을, 승자와 패자를, 우수 학자와 엘리트를 입에 올린다. 이러한 생각에서 탁월한 학문은 오직 특별한 서식 환경을 조성해주어야 번성할 수 있음을 인정한다 하더라도 이른바 명문 대학들이 현재 누리는 명성을 가능하게 한 눈에 보이지 않는 요소들은 기획을 통해서는 이룰 수 없는 것들이다.

학문 엘리트와 우수 학자에 관한 논의는 학술 활동의 효율을 증진하겠다는 무조건적인 의지라기보다는 오히려 학술 활동을 경제화하고 대중과 분리하려는 경향을 드러낸다. 지금까지 공적 자금을 지원받아 이루어진 최근의 대학 개혁이 국민의 대의 기구와 전혀 무관한 감사 기관의 책임 아래 이루어지는 사업으로 규정된 것처럼 학문도 점차 국제적인 사업으로 해석되고 있다. 그런데 이 사업 프로그램에는 이제 인간 교육의 이념이 포함되어 있지 않다. 계몽 절대주의는 과학 지식의 혜택으로 국민을 행복하게 해주었지만 국민을 이 지식의 중심과 그 과정에서 멀어지게 했다. 그럼에도 우리가 계몽 절대주의 구상으로 복귀하는 것을 옹호하는 데에는 충분한 근거가 있다. 지식의 생산자와 소비자로 나누는 노동 분업은 학문에 도움을 주었을 뿐만 아니라 일반인이 직업과 관련한 전문 지식 외에 다른 지식을 알 필요가 없게 했다. 이와 같은 계몽 절대주의에 집착하는 것은 EU로 통합된 유럽에서 결코 간과할 수 없는 추세가 되었다. 최소한 우리는 이 점을 명확히 밝히고, 그렇게 됨으로써 유럽이 유럽이라는 이념과 확연하게 결별하게 될 것임을 깨달아야 할 것이다.

계몽주의 교육 개념에는 그 이념상 원칙적으로 교육이 인간 해방의 동력, 즉 스스로 책임져야 할 미성숙 상태에서 벗어나기 위한 조건이 되어야 한다는 관점이 분명히 포함되어 있었다. 『학자 공화국(Gelehrtenrepublick)』*에 나오는 고전적인 학문 기관 역시 대학을 엘리트를 위한 공간이라기보다는 사회 법치주의의 모범이 될 수 있는, 정신을 통해 평등을 보장하는 모델로 이해했다.

한 사회의 고급 지식을 선별된 집단, 즉 구조적으로 엘리트에게만 국한시키는 것은 완전히 전(前)근대적이며 학자들에게 사제의 역할을 하도록 강요하는 것이다. 많은 학자가 아무 문제를 제기하지 않고 이 역할에 익숙해질 수 있을지는 모르지만 '학자-사제'라는 표현과 지위는 계몽주의 구상과는 거리가 멀다. 유럽이 이와 같은 전근대적인 사유 및 생활 양식에 대한 지적인 논쟁에 취약한 것은 아마도 지식 엘리트 구상 자체에 전근대적인 특징이 있기 때문일 것이다. 모든 가치 논쟁에서 계몽주의를 유럽 정체성의 핵심으로 내세우면서도 동시에 경쟁에서 유리하다는 이유로 정작 그것을 선선히 희생시키는 것은 도저히 이해할 수 없다. 최소한 우리는 우리가 하는 일에 공감해야 한다. 전 세계적으로 횡행하는 신(新)봉건적 자본주의와 그와 연관된 학문들 역시 그런 칭호를 받아 마땅할 것이다. 따라서 문제는 '반(反)계몽주의 프로젝트'이다.

---

* 『학자 공화국』은 1957년 아르노 슈미트(Arno Schmidt)가 쓴 디스토피아 소설이며 슈미트는 이 소설에서 핵전쟁인 제3차 세계대전의 참혹한 결과와 이상적인 도시이자 예술가와 과학자의 국제 공화국인 IRAS를 풍자적으로 묘사한다. ─ 옮긴이

08
/
핵심 내용
지식의 가치

사람들이 지식사회 제안자들의 약속을 그대로 믿는다면 지식은 현대 사회에서 가장 소중한 가치 가운데 하나로 평가받을 것이다. 아무리 중 요할지라도 연구와 개발에 투자하겠다는 약속을 하지 못하는 어떠한 장 광설도, 지식, 지식 경쟁, 지식의 우위를 통해 미래의 안정을 선언하지 못하는 어떠한 공약도, 새로운 자원을 활용해 이윤, 즉 더욱 훌륭한 기업 의 성공을 위한 해결책을 제시하지 못하는 어떠한 지식 경영 서적도 필 요 없게 되었다.

언뜻 보면 지식은 이미 필요한 것을 만들고 세심하게 보살피며 헌신 적으로 돌봐주는 귀중한 자산이 되었다. 하지만 실상 지식을 생산하고 보존하고 유포하고 전수하며 활용하는 문제에서 고려하는 사항은 아무

원칙 없이 제품을 만들어내는 모델을 기준으로 삼고 있다. 그래서 대학이 자신들의 연구 성과 향상을 백분율로 표기해 공표하는 사례가 벌어지고 있다. 이러한 상황에서는 인식(Erkenntnis)을 중요하게 여길 수 없다. 그리고 항상 지식의 가치가 중요하다고 확언하는 것과는 정반대로 인식에 대한 요구는 이미 박탈당했기 때문에 일반적으로 지식의 본래 가치는 전혀 특별하고 소중하게 생각하지 않는다.

지식사회에서는 본디 지식이 어떤 가치도 드러내지 못한다는 테제를 감히 주장할 수 있을 정도이다. 생산된 제품의 예측, 이용, 활용 가능성 같은 외적인 기준에 따라 지식을 정의하면 해당 기준에 부합하지 않는 순간, 순식간에 다시 제거될 것임은 너무 자명하다. 걸핏 하면 낡은 지식의 폐기, 파일 저장 장치에서의 삭제, 쓸모없는 지식의 제거라는 말을 입에 올리곤 한다. 언필칭 지식사회에서는 지식이 가장 소중한 자산이라 하면서도 그것을 지극히 하찮은 물건처럼 다루고 있다.

물론 지식사회는 그 스스로 지식을 업신여기고 있다고 선전하지는 않는다. 여기서도 약간의 도덕이 도우미로 나선다. 시류를 좇는 흐름이 '교양 윤리(Bildungsethik)'라는 표제를 달고 이 문제의 꽁무니를 움켜잡고 있을 뿐이다. 그러면서 적당히, 지속적으로, 책임지는 듯 지식을 조종하는 조건들을 정의하려 한다. 물론 지식이 무엇보다 윤리적인 성찰을 위한 지원자가 될 수 있을지, 특정 지식을 전제로 하는 인간의 행동에 국한시켜야 하는지는 의문이다. 오래전부터 기술성과 평가(Technikfolgenabschätzung)라는 슬로건 아래 논의되고 실행되고 있는 것은 의심의 여지없이 그러한 윤리적, 규범적 요소들을 제시하고 있다. 지식의 윤리적 특성은 (예컨대 단기적인 측면에서 기술을 이용하는 것이 장기적으로는 폐해를 끼치는 경우와 같이) 특정한 도덕적 원칙들과 상충할 개연성이 있는 지식을 응용할 때 비로소 나타난다.

이 지점에서 우리가 기억해야 할 사실은 특히 분별의 윤리(Ethik der Diskretion)에서 특정 지식 그 자체를 도덕적으로 불확실하다고 간주할 수 있느냐 하는 문제이다. 어린 소녀가 엄마에게 이런 질문을 던졌다. "하느님이 이 세상 어디에든 계시다는 게 진짜야?", "물론 그러한 질문이 무례하다는 생각이 들긴 해."[1] 프리드리히 니체의 이 소박한 위트는 적어도 사회적인 관계의 맥락에서는 언제나 투입이나 활용이 아닌 도덕적인 가치에 순응하는 지식 형태가 있음을 암시한다. 시민계급 사회는 내밀성(Intimität)과 사적인 것을 표제로 그 영역을 정의하려 했는데, 그 속에서는 지식 습득 자체를 흉측한 것으로 간주했으며 그렇기 때문에 호기심, 관음증(Voyeurismus), 내밀한 영역에 대한 침범을 비난했다. 공개적인 텔레비전 방송과 웹캠(Webcam)으로 중계가 가능하고 전철이나 지하철에서도 전화로 대화하는 것이 가능해진 시대에 접어들면서 지식의 금지 구역은 더 급속히 구속력을 잃고 있으며 거침없이 모든 형태의 분별을 부정하는 테크놀로지와 포맷 프로그램이 되고 있다. 이 세상 어느 곳에든 존재하는 하느님을 대체한 카메라의 눈이 사방을 주시하는 상황에서 이제 무례함은 존재하지 않게 되었다.

도덕적인 주체로서 자율적으로(autonom) 사고하고 살 수 있도록 돕고 격려하는 것이 곧 계몽주의의 목적이었기에 고전적인 교양 이론에서의 지식은 도덕적인 의미에서 품격을 가진 범주로서의 역할이 있었다.

이미 여기서는 지식을, 자연 과정을 점점 이해하고 지배하는 것으로서, 혹은 그러한 인식과 접목된 과학기술이 윤리적인 관점에서 논의할 수 있도록, 도덕적인 명령에 따르도록 했음을 보여주고 있다. 아울러 기술이 자연에 개입해 영향을 끼치거나 결과주의적인 모델을 지향하는 과학자와 기술자의 책임 윤리가 아니라 지식 자체가 도덕적인 문제에 개의치 않으면서도 도덕적으로 작용하도록 하는 것을 중요하게 여겼던 것이다. 많이 안다는 것, 또는 자기 분야에서 탁월한 학자가 된다는 것과 도덕적인 위상은 전혀 관련이 없다. 전체주의 체제나 현재 강대국의 군산(軍産) 복합체에서 전체 학문 분야에 몸담았던 학자들이 출세하는 사례가 이 같은 사실을 증명한다.

다른 특성이나 능력과 마찬가지로 적어도 칸트가 생각한 의미에서 객관적인 지식은 곧 도덕의 원천(Quelle der Moral)에 지나지 않았다. 그의 정언명령(kategorische Imperativ)은 '자기 자신을 위해 선(善)함'을 추구하는 실천이성이기에 인간에게 적용할 수 있는 모든 지식은 이 명령에 따라야 한다는 것이었다.

인간을 도덕적인 행동의 주권자로 '교육'하고자 한 인격 개념에 지식을 통합할 때 비로소 엄밀한 의미에서의 교양 윤리에 관한 논의가 이루어질 수 있다. 그래야만 지식이 윤리적인 연관성이 있는 교양 과정의 중요한 계기가 되는데 그것은 무엇보다 이 교양 과정이야말로 성숙한 주체, 책임 능력이 있는 주체로 만들 수 있다고 보았기 때문이다. 1960년대의 교육개혁처럼 계몽주의 교육 프로그램의 파토스는 바로 이 구상에 따라 시행된 것이다. 인간 형성으로서 교양(Bildung als

Menschenbildung)*은 내면의 야만성과 외부의 야만성으로부터 방어하기 위한 보증이었다. 하지만 19세기 교육 비판가들은 이미 이 파토스가 공허한 것임을 잘 알고 있었다.

다른 사람과 달리 프리드리히 니체는 지식과 도덕의 이 관계성을 가장 신랄하게 비판한 사람이다. 자신의 마지막 저서 『반(反)그리스도(Antichrist)』에서 니체는 이렇게 서술했다.

도덕이란 학문이 그 자체로 금지된 것임을 공표한 것이다. 오로지 학문만이 금지되었다. 학문은 첫 번째 죄인 동시에 모든 죄의 씨앗이며 원죄이다. 오로지 '인식해서는 안 된다(Du sollst nicht erkennen)'라는 것, 그 것만이 도덕이며 그 밖의 것들은 이 도덕률을 따를 뿐이다.[2]

그 때문에 지식, 즉 인간과 인간의 심연(深淵)을 위한 지식은 도덕과 대립된 위치에 있으며 이러한 관점에서 자신을 명료하게 볼 줄 아는 능력(Selbstdurchsichtigkeit)으로서의 교양은 언제나 도덕 비판(Moralkritik)의 형태로 나타났다.

물론 지식사회에서 드러난 교양 이념과의 결별 현상이 윤리와 교육 간의 이러한 관계를 완전히 소멸시키지는 않으며 그것을 다른 영역으로

---

* 'Menschenbildung'은 '인간 형성', '인간 교육', '인격 형성', '도야(陶冶)' 등의 표현으로 옮길 수 있는데 독일의 사상가이자 교육철학자인 빌헬름 폰 훔볼트는 실무 직업교육을 뜻하는 'Ausbildung'과 구분해 이 용어를 고전적인 의미에서의 '보편적이고 인격적인 인간 교육'의 의미로 사용했다. ― 옮긴이

옮겨놓았다. 인식된 것과 알 수 있는 것에서 계속 연구될 수 있고 전수해야 할 것이 무엇인지의 문제, 다른 말로 표현하면 어느 분야와 내용들, 어떤 전통과 수업들, 어떤 학습 방향과 연구 핵심들을 제공하고 확장하며 어떠한 내용을 축소하거나 타파하고 조율할지의 문제가 규범적인 지식 '생태학(Ökologie)'의 근본 문제에 속한다. 예컨대 빌헬름 폰 훔볼트가 강조한 바와 같이 성숙한 주체를 양성하는 것을 목표로 한 교양 개념의 맥락에서는 전공 분야와 연구의 표준(Kanon)도 인간의 실존과 계발에 대한 보편적인 이해를 위한 것과 동일한 전형적인 내용으로 이루어졌다. 고전어와 고대 그리스 문화를 우선 교육한 것도 그 때문이다. 그러나 이와 달리 글로벌 경쟁 이데올로기의 맥락에서 이러한 지식의 선별 과정은 상상의 것이든, 현실의 것이든 경쟁의 이점(利點)만을 추구하고 있다.

인간 형성의 통합적 계기였던 지식은 시장을 둘러싼 싸움, 산업적으로 미래 기회를 위한 싸움에서 수단으로 변질되었다. 급진적으로 표현하면 니클라스 루만(Niklas Luhmann)이 '참과 거짓'의 이분(二分) 명제로 설명한 학문의 핵심 코드는 점차 덧입혀져 "지불할 수 있느냐, 없느냐"라는 경제학 코드로 대체되었다.

학술 연구 논문을 집필하는 것보다 학계에서의 경력 기회를 넓히기 위한 외부 연구비 수혜 홍보가 훨씬 더 돈벌이가 된다면 어쨌든 지식 산업에서 이러한 흐름으로 바뀌는 과정은 더 노골화될 것이다. 덧붙여 말하면 이러한 관점에서 지식과 도덕의 관계에 대한 니체의 비판은 현실적인 의미가 있다. 언제나 그렇듯이 인식을 주도하는 경제적, 정치적 조종 메커니즘은 도덕을 핑계 삼아 나타나는 경우가 너무 많기 때문이다. 인문학과 사회과학 분야는 물론 응용 학문 분야에서도 도덕은 거의 고전적인 방식으로 지식의 금지 구역을 설정하고 있다. 그 때문에 인종과 성(性), 이주 문제, 20세기 역사에 관한 문제 등을 공평무사하게 연구하는 것은 거의 불가능한 단계에 이르렀는데 그것은 일반적으로 정치적인 도덕률에 관한 논의에서 비롯된 연구 결과들이 틀림없이 이미 확정되었기 때문이다.

그러나 이와 별개로 지식의 모든 '생태학'은 어떤 지식을 허용하고 전승할 것인지, 어떤 지식을 도외시하고 잊게 만들 것인지를 결정하는 기준을 개발해야 한다. 인문 교육의 출발은 교양 개념 고유의 성숙(Mündigkeit)의 에토스를 지향하고 있다. 지식은 최소한 이상화되어, 과연 어느 정도까지 주체의 자율성, 그리고 자신을 명료하게 볼 줄 아는 능력과 그럼으로써 인간의 행위 능력을 향상시키는지에 따라 가늠된다. 그리고 그 기준에 따라 선별된 지식은 도덕적인 존재로 이해할 수 있는 인간의 가능성을 위한 암묵적인 조건으로 여기고 있다.

그 반면에 경쟁 지향적인 출발점은 경제적, 정치적으로 혹은 미디어를 활용하는 기회를 통해 지식의 선별 과정을 찾고 있다. 더욱이 지금은 그나마 오로지 후자, 즉 미디어로 활용하는 데에서 인문학의 활로를 모색하고 있다. 지식이 개성을 인정하는 교양 과정, 사회적인 교양 과정에서 분리되었기 때문에 이제 지식은 오직 활용 가능성이 있느냐의 기준에 따라 유통되거나 제거될 여지가 있는 재료(Stoff)로 취급받고 있다. 지식 경영 역시 그 이유 때문에 있는 것이다. 진리나 교양을 전혀 중요하게 여기지 않기 때문에 지식사회만큼 지식을 경멸하는 사회는 없었다. 현대의 지식 경영에는 암묵적으로 '인식해서는 안 된다'라는 원칙이 적용된다. 이러한 맥락에서 지식 경영자의 호의적인 교양 윤리는 직원들이 각자의 재능을 스스로 확신하고 임하는 업무에 활용하도록 해야 한다는 요구에 국한되어 있다. 그러한 태도야말로 주변 환경에 긍정적인 영향을 미치고 지식의 시장 잠재력을 향상시키기 때문이라는 것이다.[3] 어쨌든 그러한 구상에 명확성이라는 장점이 있음을 부정할 수는 없다.

어느덧 '지식 경영'은 새로운 구원론으로 인정받고 있으며 지식의 문제에서도 중요시되고 있다. 지식 경영자와 교육 전문가는 별개의 존재가 아니며 교육학자, 심지어 학자들도 서서히 지식 경영자라고 자처하는 상황이다. 이러한 관념이 가능해진 것은 지식사회가 지식과 진리의 관계를 단절해버렸기 때문이다. 이제 데이터가 원재료가 되고 시스템이나 기업을 위해 유포된 데이터는 정보가 되었으며 지식은 '실무를 통한 정보의 순화'로 규정되고 있다.* 인식 대신에 업무 처리 모범 규준(best practice)이 중요시되고 있다. 인식론적인 방식으로서의 지식을 그 밖의 다른 세계 극복 전략들과 구별할 수 있게 해주던 차이는 이제 폐기되었다. 궁극적으로 지식 경영은 '자재 관리 시스템(Materialwirtschaftssystem)' 같은 방식으로 운영되고 지식 경영자는 그저 '지식과 가치의 문제를 배제'하면서 어떤 유형의 지식이 기업의 문제를 해결하는 데 필요한지 그 방안을 찾으라는 모순된 요구만을 할 뿐이다.[4]

* 이에 관한 여러 사례 가운데 다음 문헌을 참조하라. Helmut Willke, *Einführung in das systemische Wissensmanagement*(Heidelberg: Carl-Auer Verlag GmbH, 2004), S.28.

이러한 관점에서 누가 무엇을 이해했는지, 어떤 현상에 대해 실무와 관련한 견해나 보편적인 경험을 넘어서는 설득력 있는 해명을 할 준비가 되어 있는지 같은 물음처럼 진리에 대한 물음은 희미해질 여지가 있다. 이른바 지식사회를 특징짓는 지식, 학문적인 지식은 곧 전문가들이 끌어들이고 싶어 하고 참과 거짓으로 모든 것을 코드화한 체계 이론에 따르고 있다. 지식과 진리의 연관성이라 부를 수 있는 것을 포기한 것은 (어떠한 형태의 학문적인 이론과 실무에서건 지식과 진리는 연관성이 있지만) 아도르노가 말한 어설픈 교양을 나타내는 현상인데 그것은 의도된 것이 아니라 객관적인 무능의 표현이기 때문이다. 이제 진리의 포기는 계획에 따라 착착 진행되고 있으며 마침내 몰교양으로 귀결될 것이다.

절대적인 존재(Absolutum)로 생각했던 진리가 황폐한 이데올로기로 전락할 수 있다는 진단은 맞다. 그렇지만 진리가 인식을 이끄는 목표 설정을 포기해야 한다는 구성주의자들의 주장은 거짓이다. 그것을 포기한다는 것은 지식을 고유의 기준이 아닌 외적인 기준으로 바라보고 관리할 수 있다는 관점을 전제로 한 것이다. 지식의 경제화는 이러한 느슨한 관점을 전제로 한 것이다.

단순히 기업을 위해 오로지 실무적인 관점에만 매몰된 정보의 활용을 지식으로 이해할 경우 지식은 진리의 요구가 아니라 기업의 목표를 통해 정의될 뿐이다. 이를 위한 전환 과정이 사회정치적이고 철학적인 각본 속에서는 지금까지 그저 미미하게만 파악되었을 뿐인지 모른다. 지식과 교양은 결코 그 자체가 목적이 될 수 없으며 (그 표현이 여전히 불확실하긴 하지만) 하나의 수단인바, 다만 수단 자체로 정당화될 수 있으며 그 외에 시장의 번영이나 취업을 위한 스펙 획득, 서비스업 활성화, 경제 성장을 위한 다른 문제들을 고려해야 할 필요는 없다. 지식사회에서는 고전적인 유형의 교육받은 사람이나 심지어 학자까지도 어떤 방식으로든 끊임없이 요구되는 지식 획득을 목적으로 생각할 수 없으며 복잡한 연구 성과들의 산업적 응용 가능성을 상하이에 있는 경쟁자들보다 더 빨리 인식하는 브레인(brain)에 불과할 뿐이다.

물론 현대의 지식 경영에서는 무엇을 관리하는지조차 불분명하다. 유행하는 성장 분야를 순진하게 옹호하는 사람들은 다른 원자재나 방법처럼 지식을 기업의 환경에 최적화하고 배치하며, 한데 묶고, 수입하고 수출하며, 분류할 수 있는 자원이라고 공공연하게 믿을 뿐이다. 그렇지만 결국에는 관리할 수 있다고 생각하는 대상이 정작 지식이 아니라 무언가 알고 있는 사람이라는 사실을 희미하게나마 깨닫게 될 것이다.[5] 어쨌든 여기서 주목할 점은 경영 담당 교사가 지식을 전반적으로 관장하겠다고 하는 단호한 어조가 부각된다는 사실이다. 기업에서 '자원의 의미를 위해 전 조직에 지식 이해도를 높이고 결집하는' 탁월한 지도력이 있는 사람은 영미 기업문화에 상응하는 최고지식 책임자(Chief Knowledge Officer)라고 일컫는데,[6] 이제 그 이니셜만으로 적어도 'Chief Executive Officer(최고경영자)', 즉 CEO와 가까운 위치까지 지위를 갖게 되었다. 그런데 이 기능을 지칭하는 명칭의 매력은 너무도 달콤해서 권위 있는 여러 명문 대학마저 할 수 있는 업무와 할 수 없는 업무를 관장하는 '담당 부서'를 설치하는 추세로 바뀌고 있는데 적어도 이 조치로 명확한 장점, 즉 '지식을 지휘 체계하에 두어야 한다'라는 점을 확인한 것으로 보인다.

그 밖에도 지식 경영 이론은 비슷한 여타 구상들과 마찬가지로 과장된 기업 컨설팅 언어로 치장되었지만 그저 상식에 불과하다. 대학의 초급 세미나 수강생들조차 이미 알고 있는 정보 조사, 선별, 구조화, 결합, 표현들이 전략적인 기업의 과제들로 과대평가되어 조직 차원의 비용 투자를 통해서만 해결할 수 있는 것으로 부풀려지고 있다. 지식 경영이라는 관념 자체가 없던 시대에도 인류가 그토록 중요한 인식의 발전에 도달했다는 사실에 시비를 걸게 하는 물음을 강요하는 것이다.

어쨌든 여기서 주목할 점은 기업에서의 지식은 '두뇌 회전에 부합하는 문서' 형식으로 유포될 때만 생산적으로 순환된다. 다소 알아보기 힘들게 길게 작성된 텍스트는 자연스레 '두뇌 회전에 맞지 않는 문서 작성법'의 대표 사례로 여겨지고 있다. 반면에 글자로 된 텍스트는 얼마 안 되지만 파워포인트(Power-Point) 슬라이드에 맞게 표제와 상징, 그래픽과 도표들로 채워진 내용은 '두뇌 회전에 부합하는 문서'의 핵심으로 크게 인정받고 있다. 따라서 시각적인 효과만을 내세우는 비주얼화가 마법의 언어가 되었으며 클릭 가능한 지식 맵(Clickable Knowledge Map)이 관리되는 지식의 핵심이 되었다.[7]

현재 나타나는 지식의 모습은 지식이 점점 더 멸시당하는 상황을 보여주는 증거로 읽을 수 있다. 단순한 문장과 과장된 개념을 파워포인트에 띄워놓고 쉽게 낭독하는 방식으로 시행되는 기업의 프레젠테이션에서뿐만 아니라 점차 학술 심포지엄이나 대학에서도 관찰할 수 있는 이러한 폐습은 정작 청중을 무시하는 것이며 한때 강연 문화라고 일컬었던 것들을 완전히 없애는 결과를 초래하고 있다. 더욱이 (어떤 주제를 다루든 상관없이) 서로 앞다투어 막대그래프와 원형그래프 방식을 선호하면서 의도하는 내용을 전부 시각화하는 현상이 확연하게 나타나지만 정작 실체의 모습은 지극히 불분명할 뿐이다.

그런데 이러한 경우에는 기술 및 매체 활용 비용과 본래의 정신적인 내용 사이에 일반적인 불균형이 생길 개연성이 높다. 모든 것이 화려하게 반짝이며 영상 프로젝터와 스크린과 랩톱(Laptop)이 모든 장면을 지배하고 멀티미디어로 작동하며 예술적인 방법으로 전송되는 모든 곳에서는 이제 귀로 듣기만 하는 편이 훨씬 못한 것이 실상이다. 이른바 '두뇌 회전에 부합하는 문서'에 속하는 프레젠테이션 형식은 사유하는 것을 거의 불가능하게 만든다. 그저 표제어와 슬로건만이 강조되며 문장에 논리적이고 논증적인 구조를 부여할 수 있는 가능성은 모두 잘려서 다듬어진다. 그런데도 '쇼'의 주인공들은 프레젠테이션이 지식을 전달하는 데 중요한 역할을 한다고 믿어 의심치 않는다.

기업은 그러한 계획에 자본을 투자하는 것을 업무라 여길 수 있다. 그런데 그 일을 지식의 중심지로 옮겨놓고 내부에서부터 잠식해가면서 지식을 관리나 경영의 대상으로 보려는 관념에는 의구심이 들 수밖에 없다. 거의 천 년 동안의 경험을 통해 지식을 관장해왔던 대학들이 이제는 구조조정 방식으로 가장 천박한 기업 이데올로기를 추종하면서 정신의 빈곤과 어리석음의 표상이 되기를 자초하고 있다. 즉, 대학이 고유한 지식과 성찰의 잠재력을 바탕으로 이러한 폐단을 비판하지는 못할망정 (얄팍하게 이리저리 휘둘리는 근대화 흐름 가운데 하나인) 불안감에 휩싸여 그 폐단에 무기력하게 굴복하고 있다. 이제 대학들 역시 기업을 모범 삼아 지식 자본 지표를 만들고 마침내 대학 본연의 가치를 단순 수치와 화려한 그래픽 형태의 프레젠테이션 슬라이드로 압축하는 상황도 일어날 수 있다.

　지식 자본 지표에서 계산한 내용은 온통 불가사의하다. 실질적인 정량화 신드롬에 사로잡힌 현재 세상에서 수치(數値)로 합산되지 않는 것은 아무것도 없으며 그 누구도 이 현상에 맞설 수 없는 상황에 이르렀다. 우리는 지식사회에서 실제 지식이 정교하고 깔끔하게 수입·지출 영역으로 분류되어 표기될 수 있다고 믿어서는 안 된다. 지식 자체를 담은 정신적인 텍스트성을 계산한다는 것은 정말 그 용기를 발휘할 책임성 자체가 결여되었다는 의미와도 같다. 지식 자본 지표는 적어도 오스트리아 교육부가 모범 사례로 인정한 규정에 명시된 바와 같이 '무형의 자산 가치, 성과 과정, 그 효과에 관한 통일성 있는 표현, 평가, 커뮤니케이션'에 기여할 수 없다.[8] 물론 '무형의 자산 가치'는 이념이 아니라 (다른 것일 수도 있겠지만) 인적 자본(Humankapital), 구조적 자본(Struckturkapital), 관계 자본(Beziehungskapital) 등 다양한 형태의 자본으로 이루어진 것들이다. 인간이 성취할 수 있는 것에서 계산할 수 있는 자원이 만들어지는 것이다.

　자본 개념은 지식 자본 지표에서 어원적인 뿌리를 찾을 수 있다. '자본(Kapital)'은 머리(Kopf)를 의미하는 라틴어 caput에서 유래하는데 이 말은 18세기까지만 해도 인간의 내면적인 능력과 잠재력을 뜻하는 의미로 사용되었으며 이마누엘 칸트는 독자적인 표현으로 고유한 '삶의 감정'의 '현금'에 대해 말한 바 있다.[9]

자신의 (정신적인) 노동력 외에는 자신의 것이라 부를 만한 것이 아무 것도 없는 사람들에게는 모든 것이 자본일 수 있고 자본이 될 수 있음을 아는 것은 위로일 수밖에 없다. 우리가 배운 바와 같이 '고유한 삶의 감정의 현금'은 대학과 엄격한 조건들과 연관되어 있는데 바로 인적 자본이 여러 '무형의' 가치로 이루어졌기 때문이다. 그 무형의 가치들은 다름 아니라 교수 자격을 획득했거나 대학의 초빙을 받은 학자의 수, 1년에 여러 차례 해외에 체류하며 학술 활동을 하는 사람의 수, 대학에 있는 외국 출신 인재의 수 등이다. 특히 여성 비율이 더 높아질수록 이 모든 이가 대학에서 당연히 더 우수한 무형의 가치로 인정할 만한 역량이 있는 인재일 수 있다는 사실 자체도 무형의 자본에 포함된다. 감히 말하건대 아직 자리를 잡지 못한 여성 학자들도 확보할 가치가 있는 소중한 무형의 자본이다.

사회적 자본(Sozialkapital)은 당연히 무형의 '구조적 자본'과 같은 것으로 생각해선 안 된다. 구조적 자본은 본질적으로 여성의 평등, 젠더 분야의 연구 장려 정책 및 직업과 가정의 조화를 향상하기 위해 소요되는 비용으로 이루어진다. 그리고 느리게나마 그 실체에 대한 비판이 제기되고 있다. 여기에 덧붙여 '관계 자본'도 있는데 이것은 일반적으로 놀랍게도 성 담론적인 커뮤니케이션이 아니라 다양한 영역의 청빙 및 교수 자격 심의위원회에서 전문가, 회장 또는 심의위원으로 활동하는 사람의 수로 이루어진 것이다. 사람들은 지식 자본 지표의 기준에 따라 현재의 대학에서는 최소한 이 관계가 실질적인 학술 환경을 조성하고 있다고 믿는다.

대학이 가진 무형의 자본이 유형의 비중을 유지함에 따라 그 자본으로 어떤 일을 이루어내느냐가 중요하게 여겨진다. 왜냐하면 현재 지식 자본 지표에 따라 이끌리는 대학의 모습을 보면 그 누구도 그 이상 알 수는 없겠지만 마르크스가 지적한 바와 같이 자본은 스스로 증식되어야만 자본이 되기 때문이다. 그래서 무형의 자산 가치는 수업, 평생교육, 연구 및 개발 등 특정 상황에서 대학의 '핵심 과정'으로 편입된다. 특히 상황에 따라 다양한 비중이 척도로 간주되는데 평가 및 학업 이수 수치, 단기 학습 기간을 통해 학습 과정을 이수한 학생 수, 외부의 지원을 받고 수행하는 프로젝트의 연구비 금액, 여성 교수 비율, 해외 거주 연구자나 여성 졸업자 비율 등이 그것이다. 이 모습은 무척 흡사한데 그것은 대학이 축적한 여성의 사회적 자본이 똑같은 사회적 자본을 산출하기 때문이다. 즉, 자본이 늘어나고 있는 셈이다.

너무 명백하게 그 가치가 천박하기 그지없는 이러한 자본 지표에서 끔찍스러운 사실은 그 척도를 결정하는, 때로는 자의적이고 경제적이며 이데올로기적인 여러 변수가 대학의 발전을 통제하고 조종하는 결정적인 근거가 된다는 데에 있다. 지식은 수치상으로 계산할 수 없지만 어떠한 활동을 '지식'이라는 이름으로 평가하고 미래를 기약할 수 있는 것인지 제시할 여지는 충분하다. 지식 자본 지표가 시행 합의의 근거를 형성하며 대학의 예산도 어떤 업무에 주안점을 두느냐에 따라 좌우된다. 지식 자본 지표에서는 그 누구도 납득할 수 있는 근거로 가차 없이 분리시키려 하지 않기 때문에 정신적인 측면에서 자기 질식을 희생시켜서라도 지식 자본 지표의 개선과 예산 증액에 도움이 된다고 판단되는 일체의 활동은 더욱 강화될 것이다. 이 척도들에는 한 가지 공통점이 있는데 지식과 깨달음, 호기심과 이상, 탐구적인 배움과 가르침을 통한 연구, 학문의 자유와는 하등 관련이 없다는 점이다. 기존 대학의 주권과 행정에 대한 간섭이 심각하게 자행되고 있는데 자율성이라는 미명 아래 '경영 혁신'이라는 언어로 행해져 결국 대학이 금치산 상태에 빠질 정도에 이르렀다.

　이러한 추이들을 전반적으로 보여주는 '지식 경영'과 '지식 자본 지표' 같은 개념은 지식사회에서 정작 지식을 존중의 대상으로 여기지 못하게 만드는 '지식의 반감기(半減期)'와 '지식의 잔재' 같은 이념소(Ideologeme) 이기도 하다. 학자들에 대한 과소평가, 단순히 알고 있을 뿐 활용할 수 없는 지식만을 다루는 역설, 지식과 지식의 확장을 위해 전문가 조직을 급조해 '처리'하게 하고 학회의 진정한 역할을 봉쇄함으로써 외부 기준을 만들어 그것을 잣대로 삼겠다는 착각, 이 모든 상황은 지식에 대한 극심한 경멸을 드러내는 것이다. 또한 이것은 심각한 전환 과정의 차원을 보여주는데 괄목할 만한 의미에서 지식이 깨달음을 갈구하는 인간의 노력을 표출하는 역할을 중단했음을 의미한다. 아리스토텔레스는 모든 인간에게는 지식에 대한 열망이 있다고 보았다. 인간의 가장 내적인 동기인 이 호기심은 결코 목적 지향이 아니라 인간의 조건(Conditio humana)을 상징하는 표현이자 의식된 존재가 가진 특별한 즐거움의 원천이기도 하다. 즉, 사람은 인식을 위해 깨닫고 싶어 한다. 이것을 망각하고 그저 브레인 혹은 관리자로서 연구기관이나 전문가 집단이 표방하는 목표만을 충족시키면 된다고 믿는 사람은 지식사회에서 지식이 증가하고 있음에도 불구하고 (그것에 필요한 감각중추가 살아 있는 한) 오히려 바로 그 때문에 인식 능력이 서서히 쇠약해진다는 사실을 깨닫게 되면 깜짝 놀랄 것이다. 『자라투스트라는 이렇게 말했다(Also sprach Zarathustra)』에 나오는 니체의 유명한 말을 살짝 바꾸면 이렇게 말할 수 있을 것이다. "지식은 성장하고 있지만, 지식을 품은 그대여 슬프도다."

09
교육개혁의 중단

그러한 인상을 정말 지울 수 없지만 개혁을 하면 할수록 교육은 계속 붕괴된다. 계몽주의의 학교 개혁부터 훔볼트의 교육개혁, 1920년대의 개혁교육학 운동, 1960~1970년대 독일 교육의 붕괴를 선언한 이후의 혁신 학교(혁신 대학) 설립을 거쳐 경쟁 지향적인 지금의 대학 및 학교 개혁에 이르기까지 이 모든 변화를 살펴보면 교육이 확장, 구조 변화, 적응을 위해 부단히 노력해온 것처럼 보인다.

이 역시 지식사회의 역설에 속하지만 어떠한 사회 분야도 교육 분야만큼 변화가 없고 낡은 껍데기 속에 안주하고 있으며 경직되고 쓸데없는 것으로 가득 차 있으며 모든 면에서 진부하다는 오명을 듣고 있는 곳도 없다. 1960년대 학생운동의 구호인 '학위 가운 아래에 진동하는 천년의 곰팡이 냄새'*는 모든 교육개혁가에게 어울리는 태도, 즉 '낡은 것은 물러가고 새것이 와야 한다'라는 것을 말해준다. 자세히 살펴보면, 사회주의 학생동맹(Sozialistischer Studentenbund) 출신의 사이비 혁명가는 인습적이고 고루한 대학에서 배울 법한 것은 모두 잊어버리는 것이 가장 중요하다며 자기 학교에 재학 중인 학생들에게 자랑스럽게 떠들고 다니는 기업화된 대학의 고집불통 총장과 마찬가지로 폭력적인 광신주의에 오염되어 있다. 어느덧 모든 이가 정치적 유토피아는 덧없이 사라진다는 교훈을 되새긴 채 새로운 바람을 불어넣어야 할 마지막 분야가 교육이라고 생각하게 되었다. 그래서 '어디든지 옮겨 갈 수 있는 이동성(Mobilität)', '어디에도 적응할 수 있는 유연화(Flexibilisierung)'가 교육개혁가들의 슬로건으로 부각되었다. 이것은 경직된 관계나 딱딱한 구조에서 벗어나는 것, 융통성 없는 학부제 대신 연구 분야를 자유롭고 유연하게 만드는 것, 관료화된 교수 대신 열정적으로 활동하는 지식 경영자, 고정된 시간표 대신 자유롭게 조립할 수 있는 모듈, 명확하게 서술한 연구 계획서 대신 허풍과 과장으로 가득 찬 연구 신청서 작성, 역사의식보다는 미래의 개방성, 이념보다는 학문 간의 접점이 더 우대받고 있다. 그래서 지식사회를 개관하는 마지막 시간을 할애해 사회를 움직이는 동

---

* 1967년 함부르크대학 총장 이·취임식에서 당시 학생들이 내건 현수막의 문구로서 오늘날까지도 독일 학생운동의 핵심 슬로건으로 자주 사용되고 있다. 이 슬로건은 한편으로 나치가 스스로를 '천년 제국'으로 선전했다는 점을 상기시킴으로써 과거 청산에 미온적이던 당시 서독 정부를 직접 비판한 것이다. 다른 한편으로는 '학위 가운'이라는 문구를 통해 엘리트주의에 빠져 있는 전통적인 대학의 낡은 구조를 은유적으로 비판함과 동시에 대학의 민주화와 학생들의 참여를 요구하는 의미를 담고 있다. ─ 옮긴이

력 가운데 하나인 개혁의 열정을 더 자세히 살펴보는 것이 바람직할 것이다.

교육개혁이 아무리 교육에만 한정된다 하더라도 현재 이루어지고 있는 교육개혁은 무엇보다 현대사회를 긴장시키고 있는 개혁 정신의 전형이다.[1] 1980년대 후반부터 추진된 사회구조의 개혁이 지향한 여러 경향은 교육 부문에서도 확인할 수 있다. 우리 사회는 지난 몇십 년 동안 '개혁'이라는 미명 아래 복지국가의 해체, 공공재산의 민영화, 금융 및 자본시장의 자유화, 국영(國營) 중심 구조의 축소, 새로운 세계관이나 보편적인 구원론으로서 기업의 관점 고착화 등의 일을 줄기차게 밀어붙였다.

그렇지만 역사의 흐름에서 '개혁'만큼 큰 부침을 겪은 개념도 없다. 15세기 라틴어에서 빌려온 'reformen'이라는 단어는 처음에는 탈선의 위험이 있는 것을 다시 원래의 '형태(Form)'로 되돌려놓는 것을 의미했다. 아우구스티누스 수도회 수도사였던 마르틴 루터의 'Reformation', 즉 종교개혁도 새로운 교회를 만들려는 것이 아니라 교회 본연의 역할과 사명을 되돌아봄으로써 기존 교회를 갱신(更新)하겠다는 의도였다. 그러니까 18세기 이후에야 명사로 표기된 'Reform'에는 반동적 요소가 강했는데 목표로 삼았던 제도의 혁신이나 개선이 본질적으로 '되돌아가려는 의식(Rückbesinnung)'이라는 구상을 통해 출발했기 때문이다. 규율만 가르치고 공붓벌레를 양산했던 학교 교육에 반대해 19세기 후반에서 20세기 초반에 일어났던 '개혁 교육학 운동'은 이 같은 '복원 운동'의 일환이었다. 즉, 아이들의 삶과 체험 속에 들어 있는 타고난 소질과 자발성으로 되돌아가는 것, 실제의 삶과 밀접한 내용에 대한 배움으로 되돌아가는 것, 정신과 육체, 노동과 학습이 통일된 상태로 되돌아가는 것을 지향했다. 적어도 교육 분야에서의 개혁에 루소주의 정신이 들어 있거나 조금이라도 영향을 받았다면 이 위대한 '되돌아가려는 의식'의 태도가 지배하고 있는 것이다.

반면에 현재의 개혁 담론은 새로운 것을, 특히 미래만을 그 목표로 삼고 있다. 개혁에 관해 이야기하는 곳에는 '미래의 도전'이나 '미래의 기회', '미래 능력'이라는 말만 난무하고 있다. 사람들은 '미래의 도전'을 기꺼이 받아들여야 하며 개혁을 통해 '미래의 기회'를 향한 문호를 개방해야 하고 개혁을 통해 제도와 관행을 '미래 능력'에 맞추어야 한다고 말한다. 근원으로 되돌아가자는 소박한 자극은 마치 퇴보하는 것인 양 노골적으로 멸시당하고 있다. 최근 개혁에 대해 신랄하게 비판하던 사람도 그렇다면 이미 완전히 극복된 문제로 "'되돌아가겠다'라는 말인가?"라는 단순한 반론에 입을 닫고 만다. 현재 상태가 아무리 안 좋고 부조리하며 혼란스러워 보여도 지금 논의되는 개혁은 결코 되돌아가는 길을 선택하지 않는다. 유럽 문화에서 수없이 일어났던 르네상스 운동과 비슷하게 늘 되돌아가려는 의식, 잃어버린 지식을 다시 얻으려는 의지가 빛났던 개혁은 이제 아무 생각 없이 계속 앞만 보고 질주하는 양상으로 바뀌었다.

어느덧 '개혁'이라는 말은 사회, 정치, 문화 등 거의 모든 분야를 점령한 마법의 주문이 되었다. 개혁이라는 상투어가 사람들의 생각과 언어 등 모든 곳에 자리 잡고 있다. 그 어떠한 기관에도 예외를 두지 않는다. 초등학교나 대학교, 멀리 떨어진 파출소나 정부 청사, 보험회사나 운수

회사를 가리지 않는다. 사람들은 마치 유령처럼 모든 매체, 토론, 성명서, 공고문, 법령 속에 난무하는 '개혁 정신(Reformgeist)'이라는 말을 수없이 이야기한다. 개혁이 정체 상태에 빠져 있으며 그렇기 때문에 지속적으로 꼭 필요한 개혁을 준비하는 것 외에 다른 방법이 없어 신속하게 개혁을 추진한다고들 말한다.

　개혁 자체를 추상적으로 신봉하는 것은 우리 시대의 모든 것을 포괄하는 정치 이데올로기가 되었다. 좌파와 우파, 진보와 보수 같은 꼬리표로는 오늘날 아무것도 시작할 수 없다는 데에는 정치적으로 의견의 일치를 보고 있다. 하지만 이것만으로 수없이 떠들고 있는 '이데올로기의 종말'이 시작된 것은 아니라는 사실을 개혁 정신이 증명하고 있다. 개혁 정신은 이데올로기의 유산이고 이데올로기의 지위를 대신 차지하며 이데올로기의 내용과 강령을 그대로 간직한 채 이데올로기라는 개념 자체를 진리로 둔갑시킨다. 그러나 그것은 순전히 제스처, 현혹적인 허상, 내용 없이 거창하기만 한 허언(虛言)이며 거짓 의식에 불과하다. 개혁 정신은 일체의 다른 정치 강령과 구상, 이념을 대체하고 심지어 도덕마저 대체하고 있다. 중요한 것은 개혁하겠다는 용기를 보여주는 것뿐이다. 오늘날에는 개혁하려는 각오가 되어 있음을 보여주는 것이 선이고 개혁을 거부하는 것은 악으로 취급된다. 즉, 개혁은 선이며 그것을 막는 것은 악이고 이 세상을 개혁에 우호적인 사람과 개혁에 적대적인 사람으로만 구분해버린다. 모든 좋은 이데올로기와 마찬가지로 개혁 정신 역시 정당성을 입증할 필요가 없다. 그렇지만 각각의 사례를 통해 개혁이 정말 필요한지, 필요하다면 어떻게 개혁해야 하는지가 반드시 논증되어야 할 것이다. 그런데 개혁이라는 것은 모두 시급하게 요구되고 있다는 이유로 늘 시급하게 추진해야 할 사안으로만 취급한다.

원칙적으로 '개혁의 필요성'이 때와 장소를 가리지 않고 지배하고 있다. 대부분의 개혁은 이미 오래전부터 시기를 놓쳤으며 당면한 개혁을 단행하지 않는 것보다 더 나쁜 것은 없다고 여기고 있다. 바람직한 것은 개혁을 통해 개혁의 필요성을 높이는 것이다. 개혁 때문에 생긴 문제는 모조리 개혁을 통해서만 다시 해결할 수 있기 때문이다. 그래서 여러 국가에서 '하르츠(Hartz) 개혁안 I, II, III, IV ……'*처럼 순차적으로 번호를 정해 제도와 시스템의 개혁 추진 계획을 내놓고 있다. 사람들이 개혁가들의 기만적인 계략을 알아차리지 못하도록 모든 것을 일사천리로 진행한다.

근본적으로 오늘날의 개혁가들은 뒤를 돌아보는 개혁이 아니라 뒤집어엎는 전복(顚覆)을 꾀하고 있다. 언어부터 선거 전략에 이르기까지 모든 것을 신속하고 갑작스럽게 상황을 반전시키려고 혈안이 되어 있다. 이따금 반란을 꾀하는 듯한 분위기를 연출하면서 서둘러 법을 통과시키곤 한다. 개혁에 우호적인 신문들조차 많은 일을 마치 '기습작전 펼치듯' 밀어붙인다고 표현할 정도이다. 실제로 개혁가들은 일을 신속하게 처리하는 것을 좋아한다. 무슨 일이든 빨리 추진할수록 그만큼 더 좋다고 여

---

* 독일에서 4단계에 거쳐 시행한 노동시장 개혁 방안으로, 단기직과 시간제 근무 도입 등 고용 및 노동시장의 유연화를 핵심으로 하고 있다. 2003년부터 시행된 '하르츠 I'과 '하르츠 II'는 각각 임시직 고용 증진을 위한 규제 완화, 근로 형태의 유연성 제고(提高)를 골자로 한 것이다. 2004년 이후 시행된 '하르츠 III'과 '하르츠 IV'는 각각 실업 급여의 수급 요건 강화와 장기 실업자에 대한 실업 급여 지급 제한을 담고 있다. ─ 옮긴이

기는 것이다. 그런데 속도감에 도취되어 무엇인가 계획대로 이루어지지 않으면 바로 그때를 개혁을 위한 최고의 시기로 여긴다.

우리가 반드시 유념해야 할 사실은 '당면한 개혁, 시기를 놓친 개혁, 시급하게 시행되어야 할 개혁'이라는 표현이 21세기 초반처럼 그렇게 항상 긍정적인 의미만으로 채워졌던 것은 아니라는 점이다. '개혁가(Reformist)'라는 용어가 욕설로 여겨진 것은 그리 오래되지 않았다. 당시 명예를 소중히 여겼던 인물들은 개혁이 아니라 혁명을 하고자 했다. 성(性), 가족, 문화, 학교, 대학과 사회에 이르기까지. 1960~1970년대 당시 혁명가(Revolutionäre)라고 자처한 사람들과 달리 개혁을 지지했던 사람들은 점진적인 방식의 사회 개조, 다소 느리고 신중한 변화를 지지했다. 그리고 이들은 점진적인 과정을, 사회가 단계적으로 민주화되고 새로운 기운이 일어나는 것을 지지했으며 학교와 대학의 개방, 지금까지 차별받았던 집단과 사회계층의 해방, 참정권 확대와 투명성, 안정, 사회복지를 지지했던 것이다.

오늘날 개혁과 관련한 이야기는 일반적으로 이와 정반대되는 것을 의도한다. 즉, 국가의 역할 축소, 민영화, 사유화, 리스크 감수, 자기 책임성, 사적 연금, 노동 유연성, 복지 지출 축소, 사회보장 기여금 인상, 엘리트 교육 및 접근 제한 등이 키워드로 부상했다. 과거의 개혁 유토피아도 지금 남발되고 있는 개혁만큼이나 이데올로기 같았다는 사실만은 분명하다. 하지만 이상한 점은 개혁만을 주창하는 사람들이 가장 예민하게 여기는 개혁의 기본 정신이 은밀하게 완전히 뒤집어졌다는 사실이다. 특히 무자비하게 미래와 새로운 것을 지향하는 현재의 개혁은 사실상 최근 역사를 대대적으로 퇴행시키고 있다. 고용 상황의 불안, 사회복지 축소, 유동성 강요, 적응하라는 압박, 인프라와 의료 서비스의 민영화, 비용을 낼 여력이 있는 사람들만 수준 높은 교육 혜택을 받을 수 있도록 한 정책 등, 이 모든 일을 우리는 이미 한 번 경험한 적이 있다. 오늘날 거의 모든 문제의 해결책이라고 기대한 일반적인 생각, 즉 임금은 깎고 노동시간은 늘리는 조치는 이미 지난 세기에 유래한 방식이다. 집단의 기억에서 이러한 연속성을 떠올리는 공간이 이젠 없다는 것은 지식사회 내부에서 몰교양이 승리를 거두고 있기 때문이다. 그 외에도 새로움을 촉구하는 선언이 그토록 분명하고 전혀 위험해 보이지 않는 것은 어느 누구도 이른바 '그 새로운 것'이 얼마나 오래된 것이지 전혀 인식하지 못하기 때문이다.

그저 겉으로만 하는 개혁을 위한 개혁이라면 개혁을 그 성과에 따라 평가하려는 것은 어리석은 짓이 아닐 수 없다. 모든 개혁에서 비용 절감, 투명성, 경쟁력, 효율성 제고라는 슬로건이 단조롭게 반복되고 있지만 일반적으로 개혁이 끝난 다음에 개혁된 것들은 그 이전보다 가격은 더 비싸고 기능 면에서도 더 나빠졌으며 더 어렵고 복잡해지고 더 이해할 수 없게 된다. 교육 분야에서 개혁이 완성되고 나면 그 개혁에 참여했던 사람이나 관련 당사자들 대부분은 (그들의 판단력을 어느 정도 인정한다면) 그 전에 만족했던 제도조차 무질서해지면서 점점 일하기 까다로워진다는 느낌을 받는 것은 오늘날 개혁이 의도하는 본질적인 추진 방향이 어떻게 드러나고 있는지를 보여준다. 즉, 그 추진 방향이 옳든 그르든 간에 지금까지 역할을 수행했던 제도의 조건들을 개선하는 것이 아니라 더욱 불안정하게 만든다. 개혁 목표로 내세운 것이 개혁을 통해 달성하려는 것이 결코 아니기 때문이다.

개혁에 열광하는 사람들은 걸핏하면 '개인'과 '개인의 책임'을 내세우지만 그들은 뼛속까지 결정론자들이며 구조가 모든 것을 결정한다고 너무나 깊이 확신하고 있다. 그러므로 그들이 가장 바라는 것이 구조 개혁이며 구조보수주의(Strukturkonservativismus)만큼 이들이 거부감을 느끼는 것도 없다. 어떤 제도의 구조가 해체되어 불안정하게 된 개개인이 개혁의 이데올로기가 지시한 대로 유연하게 대처한다면 모든 일이 순식간에 더 나아진다는 것이다. 제도의 의미는 서로 다른 여러 가지 행동 양식을 가진 사람들에게 신뢰할 만한 일반 조건을 제공해준다는 데 있다는 사실을 개혁가는 받아들이려 하지 않는다. 그는 구조를 활용하는 대신 구조를 뜯어고치라고 끊임없이 강요받는 조직이 좋은 성과를 내는 데 더 능률적이라 여긴다. 개혁 정신은 이렇게 역효과만을 낳는 개혁을 계속 되풀이해 오히려 자기 살을 갉아먹는 것처럼 보인다. 그렇지만 그럴듯하게 보이는 겉모습 때문에 사람들은 쉽게 속아 넘어간다.

교육 분야에서 중요했던 정서법 개혁을 사례로 들 수 있다. 이성적으로 생각하면 전혀 불필요한 이 과감한 조치는 개혁 이데올로기의 역설을 보여주는 놀라운 사례이다. 정서법 개혁은 본디 좌파 성향의 독어독문학자들이 고안해낸 것으로 사회적으로 소외된 학생이나 이민자들이 독일어 정서법에 더 쉽게 접근할 수 있게 해 그들의 신분 상승이나 사회 통합의 기회를 높여주기 위해서였다. 이러한 관점에서 정서법 개혁은 문턱을 낮춰 기회 균등을 실현하려는 다소 불안정한 교육정책 프로그램이었다.

전자식 교정 프로그램(소프트웨어)이 있는 시대에 그저 이데올로기의 관점에서 정서법을 교육받을 기회를 차단하는 장벽으로 보는 고정관념 자체가 대단히 불필요한 것이었음은 차치하고 혁신의 모든 주체(처음에는 문화부 장관과 교육부 장관이, 그다음에는 사전과 교과서를 펴내는 출판사)가 곧 이 개혁의 의무를 떠안게 되었는데, 당시에는 그 누구도 이 개혁을 막아보겠다는 생각을 하지 못했다. 개혁을 위한 용기를 갖는 것이 정책의 큰 원칙이라고 끊임없이 선전하는 상황에서 이 개혁을 거부하면 겁쟁이 취급을 받았을 것이다. 그렇기 때문에 이 개혁에 질색하고 반대했을 것이 뻔했던 보수 성향의 정치인들도 개혁 현안에 어정쩡하게 대처했다. 사회민주주의자들 역시 사회복지 예산이 축소되던 당시에 최소한 상징적인 예산 편성을 통해서나마 사회 약자들을 위한 모종의 정책을 수립했다는 인식을 주어야 했다. 그러나 실제로 정서법 개혁은 어느 누구에게도 신분 상승의 기회를 넓혀주지 못했다. 정서법 개혁은 아무것도 개선하지 못한 채 언어 사용의 여러 측면에서 무의미한 결과를 초래하고 말았다. 즉, 이 개혁으로 표현의 정확성을 잃었고 언어의 독특한 뉘앙스를 없애버린 것이다. 또한 크나큰 혼란을 야기했으며 글자(글씨)체를 흉하게 만들었다. 이와 관련해 개혁 정신의 또 다른 특징, 즉 미적인 감각이 결여되어 있다는 사실만을 드러내고 말았다.

이제 또 몇 년이 지나면 이 개혁은 다시 개혁될 수밖에 없다는 것은, 개혁은 늘 항구적으로 추진된다는 논리에 부합한다. 결과적으로 임의성만 증가하는데 정서법의 의미를 제대로 이해하지 못하는 사람만이 이제는 누구나 원하는 대로 쓸 수 있게 되었다는 것과 평범한 광고 텍스트의 글자 모양이 30년전쟁* 당시의 전단지 글자와 똑같은 모양인 것을 좋아할 것이다. 하지만 중요한 사실은 사람들이 자기는 모던하고 개혁을 반기고 있으며 개혁을 통해서 무언가 얻을 것이 있다고 느낀다는 점이다.

이 개혁의 승자는 사전과 교과서를 출간하는 출판사, 언어 지도서, 정서법 소프트웨어 판매업자들이다. 이러한 혼란 속에서는 아무도 살 수 없기 때문에 개혁으로 혼란스러워진 제도를 다시 안정시키는 것은 일반적으로 민간 기관들이다. 교육과 문화 분야에서 이것은 공적인 안정과 다르지 않다. 한쪽에는 추가 비용이 들게 하지만 다른 쪽에는 기대하지 않았던 수익을 안겨준다는 의미다. 이러한 관점에서 정서법 개혁 역시 개혁 의지의 이면에 자리 잡은 문제, 즉 공적인 문제를 민영화한 사례이다.

개혁에 열광하는 사람은 지속적인 개혁을 원한다. 이것은 사람들을 가만히 놔두지 않으며 개혁가들이 기대한 바를 하는 것을 가로막는다. 무엇보다도 개혁 과정에 동참하게 하는 것은 모든 사유를 마비시킬 수 있는 가장 좋은 방법이다. 대학 개혁은 그에 관한 가장 좋은 사례이다. 지난 15년 동안 오스트리아 대학에서 일할 행운을 잡은 사람은 15년을 대학 개혁에 전념했다. 먼저 (이른바 '세기의 개혁'이라고 일컫는) '대학 조직법 93(UOG: Universitätsorganisationsgesetz 93)'이 모든 사람의 마음을 졸

---

* 1618~1648년 유럽 각국이 가톨릭교회와 프로테스탄트 양측으로 나뉘어 벌인 종교전쟁으로, 특히 독일 전역을 황폐화시켰다. ─ 옮긴이

이게 만들었다. 법안에 관한 토론이 수없이 벌어졌고 결국 누더기가 될 정도로 보완된 상태로 법이 제정되었다. 하지만 여러 대학이 새로운 이 법안을 받아들인 지 2년 만에 다시 '대학 법 2002(UG: Universitätsgesetz 2002)'로 개정해야 했다. 제정한 지 얼마 안 된 법이 과연 제 역할을 다하지 못하는지, 그렇기 때문에 개정되어야 하는지 꼼꼼히 살펴보지도 않은 채 말이다. 모든 사람이 늘 평가를 이야기하지만 정작 평가를 해야 할 시점에는 평가하지 않고 넘어간다.

지속적인 개혁의 시대에 백년대계(百年大計)여야 할 법이 겨우 한 해 겨울 동안만 시행된 것이다. 다른 사안에서는 효율성 기준이나 절약 원칙에 그렇게 민감하게 반응하는 사람들이 7년 동안 준비해서 시행된 제도 개혁의 수명이 불과 2년밖에 되지 않았다면 물질적으로나 정신적으로 엄청난 자원의 낭비라는 사실을 모르는 것이다.

개혁을 위한 개혁에는 어떤 이유도 필요하지 않다. 그래서 학자들은 에너지를 연구와 강의에 쏟아붓는 대신 지속적인 제도 개혁에 따른 대가를 치르는 데 바친다. 그런데 이와 동시에 학자들이 강의와 연구에 에너지를 투자하지 않는다고 비난하면서, 바로 그렇기 때문에 대학이 시급하게 지속적으로 개혁해야 한다고들 말한다. 그다음 행보는 충분히 예상하고도 남는다. 오스트리아의 여러 대학에서 2002년에 비로소 시행한 '신(新)학사 규정(neue Studienpläne)'은 즉시 다시 개혁해야 했는데 그것은 모든 일을 정작 교육에 대해 잘 알지 못하는 교육부 장관들이 모여 합의한 '유럽 공동 학위 제도(europäische Studienarchitektur)'에 따라 설정했기 때문이다. 시급하지도 않고 어떤 객관적인 근거도 없는 상황에서 느닷없이 설익은 학사학위 제도가 도입되는데, 이는 앞으로는 국제적으로 호환(교류) 가능한 시스템 구축 때문이라고는 하지만 뒤로는 불합리한 점이 많은 (학위과정을 학사·석사·박사로 구분하는) 3단계 학위과정으로 전환하기 위한 것이다. 그런데 이 때문에 생긴 혼란으로 수년 동안 효율적인 학습이 불가능해질 우려도 있다. 그래서 최소한 여러 전공에 대해서만큼은 이 개혁을 다시 개혁하자는 목소리가 벌써부터 나오고 있다. 학사학위 취득 기간을 4년으로 정하는 학사규정을 다시 도입하자는 것이다.

매년 새로 배출되는 대학생 세대를 위해 새로운 학위 제도를 계속 만드는 데 비용을 들이는 나라는 정말 돈이 많은 국가이거나 대단히 멍청한 국가일 뿐이다. 어째서 그래야만 하는가? 혼란은 새로운 개혁을 잉태할 것이다. 빈대학은 '가르침 XXI(Lehre XXI)'이라는 야심찬 제목으로 학사 규정 전반의 개혁을 선포했다. 물론 이 개혁 역시 시행되기 전에 다시 개혁될 것으로 예상된다. 일반적으로 개혁 계획을 항상 치켜세우곤 했던 개혁이라는 개념이 점점 더 공허해지고 있음을 고려하면 이 경우에는 대학 당국이 의외로 겸양을 보인 것이 의아할 정도이다. 차라리 '가르침 3000(Lehre 3000)'이라고 일컫는 것이 더 좋았을 것이라고 말할 정도이다. 개혁 이데올로기는 레온 트로츠키(Leon Trotzki)의 '영구 혁명'*이라는 환상을 신자유주의적으로 희화화한 것으로 말할 수 있을 것이다.

---

* 처음부터 선진국을 모델로 한 마르크스주의 이론을 후진국, 특히 당시 러시아의 현실에 맞추어 구상한 트로츠키의 독자적인 이론이다. ─ 옮긴이

개혁의 속도가 너무 빨라지면 개혁의 세부 내용은 기괴해질 수밖에 없다. 우리는 현재 개혁의 결과물에 카프카 계열의 작가들이 풍기는 기괴한 매력이 있다는 것을 부인할 수 없다. 이런 계열의 작가들처럼 기괴한 문서를 만드는 사람은, 예컨대 빈대학에 신설된 철학 및 교육학 학부의 교과과정 담당자들과 철학부의 졸업 업무 담당자들이다. 이러한 업무를 담당하는 학부나 기관이 불과 몇 년 사이에 너무 자주 바뀌어 (철학과의 졸업 업무처럼) 동일한 업무에서도 신입생이 언제 입학했느냐에 따라 상이한 졸업 증명서에 상이한 직함(총장, 교무위원장, 학장, 부학장, 교무처장)의 서명이 들어가야 할 정도이다. 이것은 신입생이 졸업할 동안 졸업 절차, 기관, 서류가 5번이나 변경되었음을 의미한다. 새로운 구조는 그 누구에게도 입학 당시의 규정에 따라 졸업하는 것을 허락하지 않을 정도로 맹렬한 속도로 구축된 것이다. 이러한 비상식적인 짓이 부끄러운 줄도 모르고 변화 관리(change management)*라는 꼬리표를 달고 여전히 진보의 성과로 내세우고 있는 실정이다.

그렇기 때문에 새로운 개혁이 필요한 이유는 딱 하나뿐인데 '개혁은 늘 실패한다'라는 사실이 그것이다. 개혁의 이념에 비추어볼 때 '성공한 개혁'은 자가당착이다. 왜냐하면 개혁이 성공한다면 다시는 개혁할 필요가 없기 때문이다. 그리고 그것은 가능하지도 않다. 학교 개혁을 예로 들어보자. 몇 년 전만 하더라도 학교 개혁에서 마법의 주문은 '자율성'이

---

* 조직 변화를 위한 활동 전반을 계획하고 조직하며 관할하고 실행하는 것으로서 변화의 기획 단계부터 목표가 달성될 때까지 일어날 다양한 변화 요인을 미리 파악해 추진하는 것을 의미한다. ─ 옮긴이

었다. 모든 학교가 자율적으로 학교 발전 계획을 짜고 리더십 아카데미 (Leadership Academy)에서 경영자 수업을 받은 교장 선생님과 함께 학생의 마음을 얻기 위한 경쟁, 부모의 기부금과 후원자의 광고를 얻기 위한 경쟁에 뛰어들었다. 실제로 '자율성'은 여러 활동과 수업 시간 축소 및 예산 절감과 관련한 규정을 만드는 행정 사무를 학교에 위임하는 데 도움이 되었다. 대학이나 고용주가 좋아할 법한 조건에 얽매인 수업 목표들은 결국 실패할 수밖에 없다고 지적한 사람은 경쟁의 적이자 개혁의 방해꾼이라는 비난을 무릅써야 했다. 그러다 국제 학업 성취도 평가가 시행되었고 그 평가 결과에 큰 충격을 받았다. 그래서 지금은 많은 비용을 들여서라도 자율화된 학교에 보편적으로 통용되는 객관적인 성과 기준을 다시 부여하는 것이 가장 중요하다는 인식이 분명해졌다. 과거 개혁의 목소리가 고조되었을 때 폐지해버렸던 것을 말이다.

항상 그랬던 것처럼 이러한 과정이 마냥 헛수고였던 것이 아니다. 왜냐하면 이 덕분에 혜택을 받는 자들이 벌써 대기하고 있기 때문이다. 평가 회사, 시험 주관 기관, 컨설팅 회사가 그에 해당하는데 이들 기관과 회사는 가까운 장래에 거액을 받고 유럽의 여러 학교와 대학을 평가하고 자문에 응하면서 인증서를 발급할 것이다. 이들 기관과 회사는 구속력 있는 교육 및 학사 규정이 있었던 몇 년 전에도 싼값으로 인증서를 발급해주었다. 교육개혁의 전망이 불투명해지자 예전에 약속했던 엘리트 사립학교의 설립을 요구하는 목소리가 점점 거세지고 있다. 하지만 그 사이에 현재의 교육 파탄 원인이 지난 시절의 학교 개혁에 있다고 생각하는 사람은 아무도 없다.

그래서 많은 비난을 받는 혼란 상태에 도달하면 개혁은 수포로 돌아가는 것이 아니라 가장 큰 성공을 거두는 결과가 된다. 왜냐하면 모든 개혁의 중요한 의미는 기존의 법률관계를 해체하고 낡은 계약을 새로운 '합의'로 대체하며, 비록 아무리 잘 작동하고 있더라도 공적인 기구를 이해 집단, 중개인, 패거리, 투자자의 놀이터로 만드는 데 있기 때문이다. '개혁'이라는 수사(修辭)의 이면에는 이따금 공공재산을 사유재산으로, 공적인 업무를 사적인 업무로 바꾸려는 의도가 노골적으로 드러난다. 개혁가는 공적인 것(res publica)을 사적인 것(res privata)으로 바꾸는 것을 가장 좋은 것으로 여긴다. 버나드 맨더빌(Bernard Mandeville)의 『꿀벌 우화(Bienenfabel)』처럼 분명하게 말하지도 않은 채 개혁에 환호하는 이 시대의 풍조는 사적인 악덕도 자비로운 시장의 보이지 않는 손을 추종하기만 하면 공적인 미덕으로 이어진다고 확신한다. 하지만 늘 그런 것은 아니지만 이따금 개혁에 우호적인 이 시대의 풍조는 악덕을 과소평가하고 시장의 자정 능력을 지나치게 과대평가하는 습성이 있다.

교육 분야에서 명백히 드러난 사례들은 사회 전반의 추세라고 말할수 있을 것이다. 시장에 규칙을 정해야 할 정치는 로비스트들의 놀이터가 되었고 의회의 통제 기능은 점차 위축되고 있으며 민주적으로 권한을 부여받은 기관들이 감당해야 할 책임은 '독립적인' 자문 기구나 위원회로 이관되고 있다. 민간 평가 기관들이 매긴 순위표가 공적인 담론을 대신하고 많은 사람이 아직도 문명사회를 꿈꾸는 반면에 민주주의는 선거 쇼로 전락해 캐스팅 쇼(Casting Show)의 여러 투표 방식과 매끄럽게 접목되고 있다.

오늘날 개혁이라는 것이 역사철학적인 명분을 내세우지만 과장된 제스처로 시행되고 있는 곳은 비단 교육 분야뿐만이 아니다. 유럽이나 세계화가 손짓하는 곳에서는 공식으로 그저 역사의 필연성만 내세운다. 시골 초등학교를 폐쇄하는 문제에 이르기까지 그렇게 이루어지는 모든 개혁 정책이 글로벌 경쟁력을 높인다는 명분으로 추진되는 모습을 보면 웃음을 참을 수 없을 정도이다. 모든 사람을 짓누르는 경제적 압력을 개혁의 빌미로 내세우는 것은 감히 아무도 이 명분에 문제를 제기하지 못하게 만드는 장점이 있다. 우리를 늘 불안하게 만드는 것은 경쟁과 일자리이다. 이처럼 시장을 신격화하는 것은 마르크스의 자본주의 이론의 토대에 확증되어 있다. 마르크스 이론은 경제가 다른 모든 삶의 영역을 지배하고 있으며 모든 것은 시장의 엄격한 합법칙성에 따라 흘러가고 쓸데없이 많은 질문을 던지지 않고서 끝까지 시류를 그대로 따르는 사람들만 기회를 잡을 것이라고 확신하기 때문이다. 물론 교육개혁가들도 '자율'과 '자유화'를 슬로건으로 내세우겠지만 이것은 분명히 스스로 결정하고 자유를 누린다는 것이 아니라 통제의 그물망이 더 촘촘해지고 선택의 폭이 점점 줄어든다는 것을 의미한다.

특히 교육 분야에서 확인할 수 있는 사실은 우리 사회가 지식사회 대신에 통제사회(Kontrollgesellschaft)로 급속히 이동하고 있다는 점이다. 현재 '자율성'이라는 개념 아래 논의되는 거의 모든 것이 그러한 사회 형태를 갖추라는 명령에 따르고 있다. 이것은 자기 조종 장치에 의한 지배이다. 명령을 내리는 사람은 아무도 없다. 일어나는 일은 전부 자발적으로 일어나고 있다. 하지만 경쟁이 지배하는 시대는 통제, 평가, 검증, 규정된 목표에의 순응, 성과에 대한 합의, 조절 메커니즘으로 이루어진 촘촘한 네트워크만을 요구한다. 이러한 상황에서 '학문의 자유'는 선언적 의미에 지나지 않는다. '선택의 여지는 없다', '자유라는 이름 속에는 자유의 불가능함이 선언되고 있다'라는 말이 자유주의 세계관을 추종해야 한다는 이 시대의 풍토에서 가장 널리 통용되고 있다는 사실이 참으로 부조리하다. 세계화는 우리가 이용할 수는 있을지언정 피할 수는 없는 자연현상과 같은 인간의 작품이라는 구태의연한 말은 진지하게 표현하면 다시금 어리석음의 고전적 형태를 띤 몰교양의 표현이다.

지식사회의 사제들이야 이 말이 무의미하다고 생각하지 않고 자기 주인의 사업을 지원하기 위해 이러한 이념소를 뻔뻔하게 확산시킬지 모른다. 그렇지만 어디를 가나 이러한 프로파간다를 순순히 받아들이고 긍정하는 굴종적인 태도를 보면 어이가 없다. 적어도 이러한 상황과 거리를 두면서 관찰할 수 있는 지성의 능력을 기대할 수 있는 분야에서조차도 그저 순응하고 끼어보겠다는 제스처 혹은 기회를 놓치지나 않을까, 너무 늦은 것은 아닌가 하는 어리석은 불안감만이 팽배할 뿐이다.

'비판의 즐거움(Lust an der Kritik)'이 이데올로기처럼 1960년대 후반을 지배했다면 오늘날에는 '긍정의 즐거움(Lust an der Affirmation)'이 이에 못지않게 이데올로기처럼 되었다고 할 수 있다. 비록 형식적으로나마 우리는 과거의 비판 정신이 불러온 황홀한 떨림을 지금도 느끼고 있다. 문제는 그 순간이 시장, 엘리트, 글로벌 경쟁을 열광적으로 찬양할 때라는 것이다. 물론 이것을 이해할 수는 있다. 마치 수사학적인 강령처럼 최소한 현실의 활동과 거리를 두는 것을 지성인의 원칙으로 삼고 살아온 지 수십 년이 된 지금, 우리는 오랫동안 지식인의 고유한 임무로 여겨졌던 '참여'를 다시 허락한 것이다. 예로부터 교양을 몰교양과 구분하는 기준인 '성찰적 거리 두기(reflexive Distanz)' 능력이 오늘날에는 그저 문화 비관주의로 간주되고 있다. 이것이 모든 것을 말해준다. 몰교양은 지식사회를 확실하게 보여주는 표현 형식이며, 어느덧 이 몰교양이 지식사회의 핵심부에까지 똬리를 틀고 들어앉아 인간 정신을 갉아먹고 있다.

제아무리 거대한 역사적 지평을 형성했다 하더라도 상황에 따른 강요나 개혁의 필연성에 대한 노골적인 애원, 그 이상의 대안이 없다는 메시지를 선언하는 어조의 단조로움, 새로운 시장 종교(Marktreligion)의 온갖 상투어가 사람들에게 퍼붓는 조급함과 민첩함은 (역설적으로) 그것과 다른 것도 있을 수 있음을 보여주는 것이기도 하다. 우리 시대에 '불가피하게 할 수밖에 없다는 믿음'은 어쩌면 그 불가피성이 정녕 불가피하기 위해 필요한 망상일지 모른다.

한때 교육은 망상으로 점철된 특성이 있는 한 시대의 거짓된 확신을 밝히라는 요청과 밀접하게 관련을 맺고 있었다. 이른바 효율성의 이름으로, 경제적인 관점의 통제 아래 모든 것을 종속시킬 수 있다는 생각에 현혹된 채 사상의 자유를 제한하고, 그럼으로써 허망한 망상을 그 자체로 인식할 기회마저 빼앗는 사회는 얼마나 많은 지식이 그 사회의 창고에 쌓여 있는가와 상관없이 그저 몰교양에 함몰된 사회일 뿐이다.

인명(人名)

가다머, 한스 게오르크	Gadamer, Hans Georg
괴테, 요한 볼프강 폰	Goethe, Johann Wolfgang von
니체, 프리드리히	Nietzsche, Friedrich
데카르트, 르네	Descartes, René
도데러, 하이미토 폰	Doderer, Heimito von
드러커, 피터 F.	Drucker, Peter F.
디포, 대니얼	Defoe, Daniel
로테르담, 에라스무스 폰	Rotterdam, Erasmus von
롤링, 조앤 K.	Rowling, Joanne K.
루만, 니클라스	Luhmann, Niklas
루터, 마르틴	Luther, Martin
마르크스, 카를	Marx, Karl
만, 토마스	Mann, Thomas
맨더빌, 버나드	Mandeville, Bernard
바호주, 조제 마누엘	Barroso, José Manuel
베르디, 주세페	Verdi, Giuseppe
베버, 요한 아담	Weber, Johann Adam
베이컨, 프랜시스	Bacon, Francis
베이트슨, 그레고리	Bateson, Gregory
비트겐슈타인, 루트비히	Wittgenstein, Ludwig
셸링, 프리드리히 빌헬름 요제프	Schelling, Friedrich Wilhelm Joseph
쇼펜하우어, 아르투어	Schopenhauer, Arthur
슈미트, 아르노	Schmidt, Arno
슈바니츠, 디트리히	Schwanitz, Dietrich
스피노자, 바뤼흐	Spinoza, Baruch De
스필버그, 스티븐	Spielberg, Steven

주

01 백만장자가 되는 사람 또는 사람이 알아야 할 모든 것

1   Theodor W. Adorno, *Theorie der Halbbildung. Gesammelte Schriften BD.8/1* (Frankfurt/Main, 1980), S.112.

2   Ben Schott, *Schotts Sammelsurium*(Berlin, 2004).

3   Ludwig Wittgenstein, *Vortrag über Ethik und andere kleine Schriften* (Frankfurt/Main, 1989), S.9.

4   Markus Fauser, *Wissen als Unterhaltung.* In: Richard van Dülmen/Sina Rauschenbach(Hg.), *Macht des Wissens. Die Entstehung der modernen Wissensgesellschaft*(Köln-Weimar-Wien, 2004), S.496ff.

5   Deitrich Schwanitz, *Bildung. Alles, was man wissen muß*(München, 2002).

6   Ernst P. Fischer, *Die andere Bildung. Was man von den Naturwissenschaften wissen sollte*(Berlin, 2003).

7   Schwanitz, *Bildung. Alles, was man wissen muß*, S.423.

8   Thomas Hobbes, *Vom Menschen. Vom Bürger. Elemente der Philosophie II/III* (Hamburg, 1994), S.59.

9   Arthur Schopenhauer, *Die Welt als Wille und Vorstellung II. Sämtliche Werke*, ed. *Wolfgang Frhr. von Löhneysen Bd.II*(Frankfurt/Main, 1986), S.434; Sigmund Freud, *Das Unbehagen in der Kultur. Studienausgabe Bd. IX*(Frankfurt/Main: 1982), S.240.

02 지식사회는 무엇을 안다는 것인가?

1 Günther Anders, *Lieben gesteren. Notizen zur Geschichte des Fühlens*(München, 1986), S.120.

2 Gerog Wilhelm Friedrich Hegel, *Phänomenologie des Geiste, Werke Bd. 3* (Frankfurt/Main, 1970), S.35.

3 Gregory Bateson, *Ökologie des Geistes*(Frankfurt/Main, 1983), S.488.

4 Manfred Prisching, *Was ist das Neue an der Wissensgesellschaft?* in: Martin Held u.a.(Hg.), *Ökonomik des Wissens*(Marburg, 2004), S.310.

5 Peter F. Drucker, *Was ist Management?*(München, 2002), S.352f.

6 같은 책, S.336.

7 같은 책, S.356.

8 Aristoteles, *Metaphysik, Übersetzt von Franz F. Schwarz*(Stuttgart, 1970), S.17.

9 Anna Tuschling, *Lebenslange Lernen*. In: Ulrich Bröckling, Susanne Krasmann und Thomas Lemke(Hg.), *Glossar der Gegenwart*(Frankfurt/Main, 2004), S.157.

10 Rudolf Burger, *Monopolisierung und Autonomie*. In: Rudolf Burger, *Vermessungen, Essays zur Destruktion der Geschichte*(Wien, 1989), S.106f (Anmerkung).

11 Wilhelm von Humboldt, *Ueber die innere und äussere Organisation der höheren wissenschaftlichen Austalten in Berlin*. In: Wilhelm von Humboldt: Werke, hg. von Andreas Flitner und Klaus Giel(Darmstadt, 1980), Bd. IV, S.255.

12 Peter Burke, *Papier und Marktgeschrei. Die Geburt der Wissensgesellschaft* (Berin, 2001); Richard Dülmen/Sina Rauschenbach(Hg.): *Die Macht des Wissen. Die Entstehung der modernen Wissensgesellschaft*(Köin-Weimar-Wien,2004).

13 Hermann Kocyba, *Wissen*. In: Bröckling, *Glossar der Gegenwart*, S.300.

14 Klaus Kastberger, *Im Assesmentcenter. Sprache im Zeitalter von Coaching, Controlling und Monitoring. Wiener Karl Kraus Vorlesungen zur Kulturkritik* (Weitra, 2006).

15 Panajotis Kondylis, *Der Niedergang der bürgerlichen Denken- und Lebens-formen. Die liberale Moderne und die massendemokratische Postmoderne* (Weinheim, 1991), S.295.

03 교양, 어설픈 교양, 몰교양

1   Friedrich Nietsche, *Nachgelassene Fragmente. Kritische Studienausgabe(KSA)*, hg. von Giorgio Colli und Mazzino Montinari(München, 1980), Bd.10, S.149.

2   Wilhelm von Humboldt, *Theorie der Bildung des Menschen.* In: *Werke*, Bd. I, S.235.

3   같은 책, S.235.

4   Günther Anders, *Die Antiquiertheit des Menschen I+II*(München, 1956), bzw. 1980.

5   Wilhelm von Humboldt, *Theorie der Bildung des Menschen.* In: *Werke*, Bd. II, S.18f.

6   Friedrich Nietzsche, KSA I, S.677.

7   같은 책, S.682.

8   같은 책, S.668.

9   같은 책, S.717.

10   같은 책, S.683.

11   같은 책, S.676.

12   Friedrich Nietzsche, KSA 2, S.220.

13   Manfred Fuhrmann, *Der europäische Bildungskanon des bürgerlichen Zeitalters* (Frankfurt/Main, 1999).

14   Adorno, *GS 8/1*, S.93.

15   같은 책, S.103.

16   같은 책, S.111.

17   같은 책, S.116.

18   Alois Reutterer, *Die globale Verdummung. Zum Untergang verurteilt? Mit einer Zitatensammlung zum Thema Dummheit*(Wien-New York, 2005).

04 국제 학업 성취도 평가: 랭킹 리스트의 광기

1   Ludwig Wittgenstein, *Vermischte Bemerkungen.* Werkausgabe Bd. 8 (Frankfurt / Main, 1999), S.560.

2   Immanuel Kant, *Anthropologie in pragmatischer Hinsicht.* Werkausgabe, hg. von Wilhelm Weischedel(Frankfurt/Main, 1980), Bd. XII, S.524.

05 지식의 무게는 얼마인가?: 참을 수 없는 지식의 가벼움

1 Ulrich Bröckling, *Evaluation*. In: Bröckling, *Glossar der Gegenwart*, S.79.

2 Pressenmitteilung 04/2006 des deutschen Wissenschaftsrates vom 30.1.2006: "Geisteswissenschaften in Deutschland: leistungsstark und neuen Herausforderungen gewachsen"

3 Ulrich Bröckling, *Evaluation*. In: Bröckling, *Glossar der Gegenwart*, S.78.

4 Daniel Defoe, *Über Projektemacherei(An Essay on Projects)*. Bröckling, *Glossar der Gegenwart*, S.218

5 Friedrich Schiller, *Sämtliche* Werke, hg von Gerhard Fricke und Herbert G. Göpfert (München, 1980), Band IV. S.750f.

6 같은 책, S.750f.

06 볼로냐: 유럽 대학의 허상

1 Pressemitteilung 04/2006 der deutschen Wissenschaftsrates vom 30.1.2006.

2 Friedrich Wilhelm Joseph von Schelling, *Werke. Auswahl in drei Bänden*. Herausgegeben und eingeleitet von Otto Weiß(Leipzig, 1907), Bd. 2, S.545.

3 Wilhelm von Humboldt, *Schriften zur Politik und zum Bildungswesen*. In: *Werke*, Bd. IV, S.257f.

4 Georg Winckler, "Hampton Court" und die Universitäten. Ein Tour d'Horizon über die zukünftige Rolle der europäischen Hochschulen. In: Neue Zürcher Zeitung, 25. April 2006.

5 Wilhelm von Humboldt, *Schriften zur Politik und zum Bildungswesen*. In: *Werke*, Bd. IV, S.256f.

6 Helga Nowotny, *Unersättliche Neugier. Innovationen in einer fragilen Zukunft* (Berlin, 2005), S.34.

07 엘리트 교육과 반(反)계몽

1 Peter Glotz, *Rückblick auf das 21. Jahrhundert*. In: Rudolf Maresch/Florian Rötzer(Hg.), *Renaissance der Utopie. Zukunftsfiguren des 21. Jahrhundert* (Frankfurt/Main, 2004), S.24.

2 Rober Phillipson, *Linguistic imperialism*(Oxford, 1992).

3 Hanspeter Marti, *Ausbildung. Schule und Universität*. In: Dülmen/Rauschenbach

(Hg.), *Die Macht des Wissens*, S.410.

4   Immanuel Kant, *Beantwortung der Frage: Was ist Aufklärung?* *Werkausgabe*, Bd. XI(Frankfurt/Main, 1978), S.51ff.

5   Positionspapier des "Rates für Deutschsprachige Terminologie" nach einer Vorlage von Christer Laurén(Universität Vasa), Johan Myking(Universität Bergen), Heribert Picht(Copenhagen Business School). Bern 2004, S.1.

6   Hans Georg Gadamer, *Das Erbe Europas*(Frankfurt/Main, 1989), S.36.

7   Friedrich Nietzsche, *KSA 2*, S.221f.

08 핵심 내용: 지식의 가치

1   Friedrich Nietzsche, *KSA 3*, S.352.

2   Friedrich Nietzsche, *KSA 6*, S.226.

3   Gilbert Probst/Stefan Raub/Kai Rombardt, *Wissen managen. Wie Unternehmen ihre wertvollste Ressource optimal nutzen*(Wiesbaden, 2003), S.251.

4   Hermann Kocyba, *Wissen*. In: Bröckling, *Glossar der Gegenwart*, S.303.

5   Sebastian Eschenbach/Barbara Geyer, *Wissen&Management. 12 Konzepte für den Umgang mit Wissen im Management*(Wien, 2004), S.10.

6   Probst, *Wissen managen*, S.244.

7   같은 책, S.182f.

8   Verordnung der(österreichitschen) Bundesministerin für Bildung, Wissenschaft und Kultur über Wissensbilanz(BGBl. II, Nr 63/2006)

9   Dieter Thomä, *"Humankapital" und die Theorie der Person in der Moderne*. In: Konrad Paul Liessmann(Hg.), *Der Wert des Menschen. An den Grenzen des Humanen*(Wien 2006), S.235f.

09 교육개혁의 중단

1   Konrad Paul Liessmann, *Der Reformgeist*. In: Nikolaus Dimmel / Josef Schmee (Hg.), *Politische Kultur in Österreich*(Wien, 2005), S.39~48.

| 지은이 |

콘라트 파울 리스만(Konrad Paul Liessmann)

1953년 오스트리아 필라흐에서 태어난 콘라트 파울 리스만은 오스트리아 빈대학에서 독어독문학, 역사학, 철학을 전공했고, 현재 빈대학의 철학 교수로서 레흐 철학 세미나(Philosophicum Lech)의 학술 책임자로 재직 중이다. 현재 독일어권에서 가장 주목받는 인문학자 가운데 한 사람으로 평가받는 리스만은 미학, 예술철학, 문화철학, 사회이론 등 19~20세기 철학 분야의 수많은 논문과 학술 서적을 발표했다. 2004년 '사상과 행동에서의 관용(Torelanz im Denken und Handeln)'에 이바지한 공을 인정받아 오스트리아 출판협회가 수여하는 공로상을 수상한 바 있다.

이 책『몰(沒)교양 이론: 지식사회의 오류들』외에 리스만은 2016년『몰(沒)교양의 행위(Die Praxis der Unbildung)』, 2017년『도전으로서의 교양(Bildung als Provokation)』을 연이어 출간함으로써, 자본주의 가치에 함몰되어 인문적 사유와 정신의 부재가 만연한 대학 및 지식사회의 실상을 예리하게 비판하고 있다. 리스만의 왕성한 지적 출판 활동은 그동안 신자유주의적 교육 정책과 교육 관료들이 추진하는 대학 개혁의 몰(沒)역사성 및 반(反)지성적 흐름에 침북한 대학 사회에 큰 반향을 일으키고 있다.

| 옮긴이 |

라영균

오스트리아 빈대학 문학박사

현재 한국외대 독일어통번역학과 교수

저서: 『문학사 기술의 문제점』, 『문학장과 문학권력』(공저), 『추와 문학』(공저) 외

역서: 『아름다움』(유럽 정신사의 기본개념 7), 『인간이해』, 『모래남자』, 『미학연습』(공역) 외

서송석

독일 뒤셀도르프대학 문학박사

현재 한국외대·단국대 강사

논문: 「『빌헬름 마이스터의 수업시대』에 나타난 결혼정치학」, 「니클라스 루만의 인간과 주체 개념」,
「사회구조변동과 명예의 의미론」 외

서정일

한국외대 문학박사

현재 목원대 교양교육원 교수

저서: 『문학의 성찰과 문화적 이해』, 『독일문학의 이해』(공저)

역서: 『편견』, 『정의』(유럽정신사의 기본개념 4), 『가장 낮은 곳에서 가장 보잘 것 없이』, 『세계화
를 둘러싼 불편한 진실』, 『로마제국에서 20세기 홀로코스트까지 독일 유대인의 역사』 외

정현경

한국외대 문학박사

현재 한국외대·동덕여대 강사

역서: 『진리』(유럽정신사의 기본개념 10), 『기후변화와 먹이사슬』

논문: 「동화와 웃음」, 「예술장르로서의 카바레 연구」, 「미와 추의 변증법」 외

최성욱

한국외대 문학박사

현재 한국외대·대전대 강사

저서: 『로베르트 무질』, 『추와 문학』(공저)

역서: 『행복』(유럽정신사의 기본개념 1), 『변신』, 『수레바퀴 아래서』, 『사랑의 완성』, 『번역이론 입
문』(공역), 『낭만주의 판타지의 뿌리』(공역) 외

한울아카데미 2120

몰교양 이론
지식사회의 오류들

지은이 ㅣ 콘라트 파울 리스만
옮긴이 ㅣ 라영균·서송석·서정일·정현경·최성욱
펴낸이 ㅣ 김종수
펴낸곳 ㅣ 한울엠플러스(주)
편집책임 ㅣ 박준혁

초판 1쇄 인쇄 ㅣ 2018년 12월 4일
초판 1쇄 발행 ㅣ 2018년 12월 17일

주소 ㅣ 10881 경기도 파주시 광인사길 153 한울시소빌딩 3층
전화 ㅣ 031-955-0655
팩스 ㅣ 031-955-0656
홈페이지 ㅣ www.hanulmplus.kr
등록 ㅣ 제406-2015-000143호

Printed in Korea.
ISBN 978-89-460-7120-9 93330(양장)
        978-89-460-6579-6 93330(반양장)

* 책값은 겉표지에 표시되어 있습니다.

● 본 저술은 교육부와 한국연구재단이 시행하는 한국외국어대학교 대학인문 역량강화사업
  (CORE)의 지원을 받아 출간되었음.